Passeio da Alma

CARO LEITOR,

Queremos saber sua opinião sobre nossos livros.
Após sua leitura, acesse nosso *site* (www.editoragente.com.br),
cadastre-se e contribua com sugestões, críticas e elogios!
Boa leitura!

Passeio da Alma

*Histórias reais de **quase-morte** que farão você enxergar a **vida** de outra maneira*

PAUL ROLAND

TRADUÇÃO:

Giorgio Cappelli

Gente editora

Editora
Rosely M. Boschini

Assistente editorial
Rosângela Barbosa

Produção
Editora Gente

Capa
R. Martins

Foto de capa
Keystone

Copidesque
Sandra Silva

Preparação
Veridiana Maenaka

Revisão
Adriana Cristina Bairrada

Projeto gráfico
Neide Siqueira

Editoração
Join Bureau

Título original: *I remember dying*

Publicado originalmente por W. Foulsham Publishers Ltd, representado por Cathy Miller Foreign Rights Agency, London, England. Tradução para língua portuguesa © by Editora Gente, 2008.

Rua Pedro Soares de Almeida, 114
São Paulo, SP – CEP 05029-030
Telefone: (11) 3670-2500
Site: http://www.editoragente.com.br
E-mail: gente@editoragente.com.br

Dados Internacionais de Catalogação na Publicação (CIP)
(Câmara Brasileira do Livro, SP, Brasil)

Roland, Paul
Passeio da Alma : histórias reais de quase-morte que farão você enxergar a vida de outra maneira / Paul Roland ; tradução Giorgio Cappelli. – São Paulo : Editora Gente, 2008.

Título original : I remember dying.
ISBN 978-85-7312-592-4

1. Espiritualismo 2. Experiências no limiar da morte 3. Vida futura I. Título.

08-01426 CDD-133.93

Índices para catálogo sistemático:

1. Vida futura : Doutrina espírita 133.93

Dedicatória

Dedico este livro, com amor e estima, a Sylvia Provins, que guiou meus primeiros passos pela Escada de Jacó.[1]

1. A Escada de Jacó representa, simbolicamente, a ligação entre a Terra e os Céus. A origem deve-se à visão de Jacó, registrada no Antigo Testamento, Gênesis, 28,10-12.

Sumário

Prefácio 9

Introdução 15

1. Crença na alma 23

2. A alma e as Escrituras 29

3. Estados alterados 55

4. Atravessando o véu 67

5. Rumo à luz – aparições de vivos 89

6. Vestígios do paraíso 119

7. Conversas com o paraíso 143

8. Reencarnação e regressão de vidas passadas 187

9. Exercícios de percepção 213

Conclusão – O universo holográfico 241

Prefácio

Se tivesse de recomendar um único livro sobre paranormalidade a alguém que não soubesse nada a respeito, escolheria este. Ninguém pode negar que Paul Roland é um mestre completo no assunto.

Eu mesmo escrevi sobre o tema durante mais de 35 anos – desde que, em 1970, elaborei um livro chamado *O Oculto* (Editora Francisco Alves, 1981, volumes 1 e 2) –, mas não posso equiparar-me a Roland quando o assunto é vivência: aos 9 anos, ele passou pela clássica "experiência fora do corpo" e, desde então, teve várias outras.

No decorrer do livro, serão apresentadas muitas entrevistas com pessoas que tiveram "experiências de quase-morte" – ou seja, tiveram uma "morte" aparente e depois retornaram. A primeira parte da obra é uma narrativa abrangente de todos os aspectos do mundo paranormal.

A história moderna da pesquisa psíquica começou em 1848, quando, no pequeno vilarejo de Hydesville, no estado de Nova York, os vizinhos da família Fox foram convidados a entrar na casa e escutar uma série de sons de pancadas. Um deles teve a idéia de pedir ao causador invisível do barulho que respondesse algumas perguntas em código: uma pancada para sim, duas para não. A entidade contou-lhes que era um vendedor ambulante assassinado pelo antigo dono da casa; este lhe teria roubado o dinheiro e enterrado o vendedor no porão (por fim, encontraram um esqueleto naquele local). As três jovens irmãs Fox desenvolveram uma habilidade extraordinária de se comunicar com "espíritos" (indivíduos com tais capacidades acabaram sendo conhecidos como "médiuns") e rapidamente dezenas de pessoas nos Estados Unidos conseguiam fazer o mesmo.

Não demorou muito para que surgisse um sério problema: médiuns charlatães descobriram a possibilidade de ganhar a vida com práticas fraudulentas, mas, em geral, tinham suas farsas descobertas. Os cientistas, que desde o começo haviam apontado o "espiritualismo" como superstição absurda, não tardaram a argumentar: "Eu não disse?".

Em 1882, em meio à fase de mudanças pela qual a sociedade passava, diversos estudiosos resolveram investigar a fundo a questão; eles fundaram uma sociedade para investigações científicas de fenômenos paranormais, a Sociedade para a Pesquisa Psíquica. Os trabalhos desses cientistas logo revelaram a existência inquestionável de fenômenos como fantasmas, espíritos, telepatia e premonições. Contudo, jamais conseguiram obter a prova definitiva capaz de convencer os céticos.

Nesta obra, Paul Roland descreve algumas das evidências mais conclusivas alcançadas pelo médico *sir* William Barrett. Em seus estudos, Barret interrogou enfermeiras e médicos que cuidaram de pacientes terminais e descobriu que, com freqüência, os moribundos relatavam visões de parentes mortos, os quais aparentemente teriam vindo visitá-los. Em 1975, Raymond A. Moody, um médico norte-americano, produziu um pequeno livro intitulado *A Vida Depois da Vida* (Editora Butterfly, 1979). A obra trazia algumas das mais estarrecedoras evidências descobertas até então, como as histórias de centenas de pacientes que tiveram morte aparente e passaram por experiências praticamente idênticas, cruzando uma espécie de túnel para, em seguida, emergir em algum tipo de domínio além da morte. Muitos, então, percebiam que tinham diante de si uma escolha: entrar num estado delicioso, como se libertos do corpo, ou voltar à Terra. Vários deles, incluindo minha mãe, fizeram a viagem de volta.

Recentemente, um avanço ainda mais assombroso ocorreu e tornou-se conhecido como *fenômeno da voz eletrônica*.

Friedrich Jurgenson, cientista e crítico de arte sueco, tinha o hábito de estudar e gravar o canto de pássaros. Em um dia de junho de 1959, gravou em seu jardim o canto de um pássaro conhecido como tentilhão. Quando ouviu a gravação, ficou apavorado ao escutar a voz de sua mãe morta, chamando-o por seu apelido carinhoso, "Friedel". Logo ele havia registrado em fita as vozes de muitos amigos e parentes falecidos deixando o gravador ligado em um recinto vazio. As vozes vinham entrecortadas e as mensagens eram curtas, como se os que quisessem se comunicar estivessem com problemas para concluir as frases.

Pouco depois, um psicólogo natural da Letônia, Konstantin Raudive, leu o livro de Jurgenson, *Telefone para o Além* (Editora Civilização Brasileira, 1972), e iniciou os próprios experimentos. Em pouco tempo, o fenômeno da voz eletrônica tornou-se uma sensação debatida no mundo todo. Era como se as "pessoas-espírito" estivessem experimentando um novo método de comunicação.

Foi nos Estados Unidos que se deu a grande descoberta revolucionária. George Mek, um homem de negócios que havia enriquecido com sistemas de ar-condicionado, decidiu dedicar-se ao estudo dos mistérios mediúnicos. Ao saber do fenômeno da voz eletrônica, estabeleceu uma rede de comunicação entre especialistas em eletrônica ao redor do mundo.

Um deles era Bill O'Neil, engenheiro de telecomunicações que tinha o dom da cura e que estivera tentando desenvolver um dispositivo radiofônico que ajudasse surdos-mudos a "ouvir". Certo dia, enquanto trabalhava em sua invenção, ficou apavorado ao sentir uma mão em seu ombro. Virou-se e viu um homem distinto e bem trajado, que se apresentou como George Mueller, um professor que trabalhara para a Nasa e havia falecido em 1967. Com aspecto de um ser humano vivo, contou a O'Neil que desejava ajudá-lo a construir um rádio por meio do qual os mortos poderiam comunicar-se diretamente com os vivos. Chamava aquilo de "Spiricom".

Durante três anos, O'Neil e o professor Mueller trabalharam naquele projeto. Em 22 de setembro de 1980, a voz de Mueller surgiu de súbito através do rádio, e O'Neil gravou a conversa. Enfim, uma pessoa morta e uma pessoa viva conversavam por um meio eletrônico.

Hoje, existem vários cientistas que acreditam estarmos no momento de uma nova revolução quanto à "comunicação com os mortos". Se isso vai mesmo acontecer, ainda veremos. No entanto, sem dúvida é algo que você deve ter em mente enquanto estiver lendo este extraordinário livro.

Colin Wilson, escritor inglês

Introdução

Por que teria algo a temer?
*Nunca perdi nada por morrer.**

Rumi

Este não é um livro típico sobre vida após a morte, pois, para mim, essa questão foi respondida quarenta anos atrás. Na infância, tive uma experiência fora do corpo que alterou minha percepção da realidade; foi a primeira de muitas.

Recordo-me como se fosse hoje: acordei de um sonho e descobri que planava sobre o mar, indo "fazer uma visita" à minha avó e à minha tia na Irlanda. Lembro-me da sensação de regozijo que tive ao voar. Eu pairava sobre elas, enquanto assistiam à TV, na mesma sala em que brincava sempre que ia visitá-las

* Extraído de *O Poder da Sabedoria*, Carlos Cardoso Aveline, Editora Teosófica. (N. T.)

durante as férias escolares. Alguns instantes depois, seguro de que estavam bem, retornei instantaneamente a meu corpo e acordei de forma brusca. Não havia dúvidas. Aquilo não tinha sido um sonho.

Hoje percebo que aquela experiência foi provocada por um desejo forte e inconsciente de ver minha tia e minha avó, somado a uma capacidade potencial de flutuar livre de meu corpo que, acredito, todos compartilhamos.

Tive experiências fora do corpo (EFC), como são popularmente conhecidas, em várias outras ocasiões. Em todas elas estava plenamente consciente de ter saído de meu corpo, permanecendo em estado de vigília ampliada, que é diferente do estado de sonho.

Certa manhã, acordei e notei que flutuava mais ou menos 2,5 centímetros acima da minha cama. Sabia que, caso abrisse os olhos, retornaria no mesmo instante ao corpo físico. Então fiquei naquele estado transitório, desligado durante alguns minutos, apreciando a sensação. Poderia ter sido levado a outra viagem astral, mas naquele momento não tive coragem para tanto e por isso não aproveitei a oportunidade.

Cada EFC tem trazido para mim uma sensação de liberdade, o que aparenta confirmar a idéia de que o corpo astral, etéreo, sutil ou de projeção é nosso estado natural. Portanto, pelo menos na minha concepção, a sobrevivência da alma não se trata de uma questão de fé, mas sim de um fato. É um fenômeno natural e não sobrenatural.

Nos Estados Unidos e na Europa, inúmeras pesquisas recentes revelaram que, em média, uma em cada cinco pessoas afirma ter tido uma experiência fora do corpo, a qual consegue recordar em detalhes. Infelizmente, outras tantas consideram tais episódios como sonhos, seja por não entenderem o que passaram, seja porque a lembrança dessas situações confundiu-se com sonhos posteriores. Alguns ainda podem negar as evidências dos próprios sentidos por causa da formação religiosa ou cultural que tiveram. Entretanto, qualquer que seja sua religião, filosofia ou fé, as EFCs e as experiências de quase-morte (EQM), intimamente relacionadas entre si, são um fenômeno universal, que serve de chave para compreendermos nossa real natureza.

Neste ponto, talvez seja importante diferenciar as experiências fora do corpo das experiências de quase-morte. As EQMs são semelhantes às EFCs por envolverem a separação entre o corpo físico e o corpo etéreo. A diferença é que na EFC o indivíduo, antes de acordar, vaga pelo mundo físico como um espírito desencarnado, enquanto na EQM a pessoa passa por um túnel de luz, alcançando uma dimensão celestial. Depois ela retorna ao corpo físico e é capaz de se lembrar das pessoas e dos procedimentos envolvidos para ressuscitá-la, mantendo, de forma mais significativa, as memórias do mundo superior. Ao contrário dos sonhos, que podem desaparecer em instantes, as EQMs sempre são profundas e capazes de transformar os indivíduos, dando-lhes um desejo forte e renovado pela vida.

Tal experiência é tão prazerosa e libertadora que várias pessoas hesitam em voltar para este mundo. Há o caso, por exemplo, de um homem que repreendeu o médico que o ressuscitou, esbofeteando-o e dizendo: "Nunca mais faça isso!". Mais tarde, o paciente se desculpou e explicou sua rabugice, afirmando ter sentido que o doutor o trouxera de volta a uma "morte em vida" quando poderia tê-lo deixado em uma "vida real".

Atualmente, cada vez mais pessoas admitem que passaram por essas experiências, apesar de, trinta ou quarenta anos antes, terem hesitado em falar sobre esse tipo de coisa, com receio de serem rotuladas de perturbadas ou insanas. Mesmo hoje em dia, alguns médicos não desejam nem sequer considerar a idéia de que pode haver algo além de carne, ossos e sangue.

Recentemente, o doutor Michael Sabom, antes um cardiologista cristão e cético fervoroso quanto às EQMs, foi repreendido por um colega, que levantou dúvidas sobre as descobertas de Sabom acerca das experiências fora do corpo. Esse colega afirmou ter revivido centenas de pacientes, aparentemente trazendo-os de volta à vida, e nenhum deles mencionou uma EFC ou algo do gênero. Naquele momento, um homem se colocou atrás do médico que repreendia o doutor Sabom, identificou-se como um antigo paciente e declarou:

– Sou um dos que você salvou. E digo-lhe agora mesmo: você é a última pessoa a quem eu contaria minha experiência de quase-morte!

O aspecto mais incrível de tal fenômeno não é o fato de tantas pessoas com conhecimentos, crenças e culturas divergentes partilharem experiências tão similares, mas a teimosia dos céticos, que mantêm os velhos argumentos, negando as evidências arrebatadoras dessas experiências. O cientificismo, ou a crença de que a ciência detém o monopólio do conhecimento, é tão perigoso quanto seu oposto, o criacionismo.

Aqueles que tiveram proximidade com fenômenos mediúnicos ou experiências espirituais não querem se apresentar como "donos da verdade" no que diz respeito à natureza e ao propósito da existência, pois uma experiência de quase-morte proporciona apenas um vislumbre passageiro de uma realidade maior. Conforme o leitor verá pelos relatos pessoais que apresentarei, a magnitude indescritível do divino permanece um mistério mesmo para aqueles que passaram para o outro lado da vida. Os fenômenos que descrevo nos capítulos a seguir são um fato da vida, mas seu verdadeiro significado é algo que cada um de nós deve descobrir por si só.

Cura mediúnica

O significado do duplo etéreo me foi demonstrado há muitos anos, quando eu sofria de dores crônicas nas costas. Não conseguia ficar em pé ou sentado por mais de alguns minutos sem ter de acomodar meu peso a fim de aliviar a dor no fim da espinha. Fiz tratamentos com um especialista em coluna vertebral e com um osteopata.* Eles não me ofereceram mais do que um alívio temporário. Certa tarde, ao final de uma reunião de meditação, o professor avisou que seus guias espirituais estavam lhe dizendo que alguém na sala precisava ser curado. Pediu que permanecêssemos sentados, e eles dariam sua assistência. Fiquei pasmo quando o professor me identificou como o paciente em potencial, mas estava disposto a tentar qualquer coisa que pudesse me ajudar.

Ele, então, aproximou-se de mim, colocando uma das mãos debaixo do meu queixo e a outra na base da minha espinha. Os outros ficaram sentados, em silêncio, com as mãos nos joelhos e as palmas voltadas para cima, mentalizando o envio de energias curativas até mim. Se tiveram alguma função naquilo, não sei, mas instantes depois senti um movimento que só consigo descrever

---

* Segundo o *Dicionário Eletrônico Houaiss da Língua Portuguesa*, é o indivíduo que trata dos estados patológicos por meio de manipulações raquidianas e articulares. (N.T.)

como uma sensação de desligamento, conforme o professor realinhava meu corpo etéreo. Ao abrir os olhos, mais uma vez estava ciente da densidade de meu corpo físico. A dor, porém, havia sumido. Nunca mais voltou.

Não é novidade que há séculos os chineses sabem da existência do duplo etéreo. Trata-se da base de seu sistema tradicional de cura holística, mais especificamente a acupuntura, na qual as agulhas são colocadas em pontos-chave ao longo das linhas meridionais corpóreas, de forma que aliviam bloqueios de energia psíquica. As tradições hindu e budista também reconhecem a existência do corpo sutil, que se encontra conectado ao físico em pontos-chave, nos quais os fluxos convergentes de energia criam redemoinhos que giram rapidamente, conhecidos como chacras (do sânscrito "rodas"). Há ainda os conhecidos cirurgiões mediúnicos no Brasil e, mais recentemente, na Europa e nos Estados Unidos, que têm demonstrado a capacidade de remover, fisicamente, a fonte de doenças e distúrbios, sem anestesia e diante de câmeras de televisão.

Sendo assim, o objetivo principal desta obra não é dar novas provas da existência de vida após a morte (que deveria ser evidente em si mesma, em razão da importância de experimentos e de evidências científicas), e sim ajudar o leitor a despertar seu "eu superior" a fim de guiá-lo para o discernimento de uma realidade maior.

Experiências involuntárias fora do corpo são, em geral, acionadas por cansaço extremo, doenças graves, choque violento ou anestesia geral. No entanto, podem ser induzidas por livre vontade. Caso você deseje experimentar uma EFC, encontrará várias técnicas na seção final, bem como exercícios conscientes de projeção e também instruções para testar a validade de outros fenômenos relacionados.

Assim que você tiver experimentado o prazer de flutuar liberto de seu corpo físico e desperto para um senso de consciência mais elevado, algo diferente da natureza surreal do estado de sonhos, saberá, por intuição, que nosso mundo físico não é a única realidade.

Por ser às vezes tão inacreditável,
a verdade escapa ao tornar-se conhecida.
Heráclito, 500 a.C.

1 Crença na alma

Aquele que molda a forma material,
desenvolve, anima e se conscientiza dela,
deve ser algo distinto da própria forma.
Swami Satprakashananda

A crença de que cada indivíduo tem uma alma imortal, que sobrevive à morte do corpo, é comum em quase todas as culturas e civilizações, de acordo com o que a história tem registrado. A idéia de que todos nós apresentamos um espírito que abandona o corpo no instante da morte, e possivelmente durante o sono, é uma característica central de 57 culturas diversas. Trata-se também de um princípio fundamental das religiões de maior destaque. Contudo, a sociedade ocidental considera-se sofisticada demais para aceitar o que vem sendo um conceito central de muitas culturas, desde a pré-história.

A verdade da viagem da alma já inspirou decorações em templos etruscos, pirâmides egípcias, obras de arte de americanos nativos e pinturas de artistas ocidentais visionários, como Hieronymus Bosch, Gustave Doré, William Blake, Henry Corbould e G. W. Russell.

Embora a crença universal na imortalidade da alma pudesse ter sido encarada apenas como um desejo primitivo do ser humano de negar a própria mortalidade, tal explicação ingênua não leva em conta o fato de que muitas culturas compartilharam o conceito de três corpos sutis de densidade crescente, um dentro do outro, o equivalente ao corpo astral, espírito e alma das tradições esotéricas ocidentais.

Muitos escritores e poetas, como Goethe, Dickens, Tennyson, Emily Brontë, D.H. Lawrence, Virginia Woolf, Ernest Hemingway, Jack London e Aldous Huxley, são conhecidos por terem tomado suas experiências fora do corpo como inspiração. O autor francês Guy de Maupassant, por exemplo, teria se referido ao fato de que seu duplo apareceu em seu estúdio enquanto estava em pensamentos profundos; costuma-se dizer que o poeta Percy Byshee Shelley teria se divertido ao saber que seus amigos haviam observado seu gêmeo astral a quilômetros de distância. Contudo, certa vez, quando Shelley avistou seu duplo, isso se comprovou como uma profecia de sua própria morte, uma vez que apontava para o oceano, indicando o local onde o poeta mais tarde se afogaria em um acidente de barco.

Há quem considere que artistas, poetas e escritores são médiuns naturais, e sua imaginação altamente desenvolvida lhes permite visualizar cenas em uma dimensão temporária e onírica antes de trazê-las à realidade. Todos partilhamos essa capacidade de realizar nossos desejos. Esta é a base dos programas de autoajuda e da magia ritual. No entanto, a maioria de nós não consegue entender seu significado e perde tempo em devaneios ociosos.

Viagem xamânica da alma

A prática ritual da viagem da alma ou projeção astral, como é conhecida na tradição esotérica, mantém-se como elemento fundamental nas sociedades tribais da África, Oceania, das Américas do Norte e do Sul e do Ártico. Nessas culturas, confiam-se aos xamãs (sacerdotes) a cura, a pacificação dos espíritos da natureza e o acompanhamento dos mortos ao além-vida.

No Oriente, a viagem astral era, tradicionalmente, uma disciplina espiritual que prometia a iluminação e, portanto, a libertação do ciclo de morte e renascimento. Os antigos chineses praticavam uma forma de meditação que ensinava aos iniciados como se concentrar em sua essência interna por meio de controle da respiração, postura e contemplação.

Acredita-se que os antigos egípcios praticavam disciplinas semelhantes, e que o sarcófago vazio situado na Câmara do Rei, na Grande Pirâmide de Guizé, era reservado a ritos de iniciação, nos quais o assistente se deitava, preparando-se para projetar seu corpo astral até as estrelas. Na década de 1930, o doutor Paul Brunton, estudioso de ocultismo, teve a oportunidade de verificar essa teoria e descobriu-se "arrancado de seu corpo, como um fantasma", involuntariamente. A naja (símbolo da sabedoria) que aparece acima das tiaras dos faraós representava a passagem através da qual o espírito poderia sair.

Os verdadeiros filósofos

Os gregos antigos consideravam prático e prudente conhecer aquilo que poderia prepará-los para as boas-vindas no outro lado da vida. Por isso, organizavam sociedades secretas para iniciar os membros filósofos naquilo que denominavam "mistérios". Na verdade, o termo "filósofo" significa aquele que pondera sobre "as coisas sob a terra".

A passagem a seguir é de *Fédon*, de Platão. Ela mostra, com clareza, que o Hades (mundo dos mortos) tanto poderia ser o céu como o inferno, dependendo de como a pessoa estava preparada para o além-vida.

Parece que aqueles que desenvolveram ritos de iniciação para nós não eram tolos, mas que existe um significado oculto em seus ensinamentos, quando se diz que quem quer que chegue ao Hades sem iniciação ficará na lama, mas os purificados e iniciados habitarão com os deuses. Pois tal como os que entendem os mistérios, dizem, há, na verdade, muitos que sustentam o bastão, mas poucos que se tornam devotos. E estes últimos, na minha opinião, não são senão os que deram suas vidas à verdadeira filosofia.

A referência à lama parece simbolizar a lenta evolução dos não-iniciados, não um tormento em sentido literal. Entendo que todas as referências a sofrimentos no purgatório e no inferno são puramente alegorias ou símbolos de estados perturbados da mente.

No primeiro século depois de Cristo, o biógrafo grego Plutarco relatou a suposta experiência real de Arides, da Ásia Menor, que deixou seu corpo depois de um golpe na cabeça. Enquanto errava, confuso, no espaço entre os mundos, encontrou seu tio falecido. Este garantiu que Arides ainda vivia e deveria retornar ao corpo sem demora. No mesmo ensaio, Plutarco se refere às limitações do "cordão de prata", que evitava que Arides se enredasse ainda mais no além-vida. "O fio de sua alma se estende até seu corpo, ao qual se mantém ancorado, e não permite mais nenhum avanço displicente ou por diversão." Isso quer dizer que Arides permanecia ligado ao corpo. Ainda não chegara sua hora de partir deste mundo.

Hermotimo, filósofo e místico grego do século VI a.C., não teve tanta sorte. Viajante astral inveterado, tinha o costume de divertir a esposa com histórias de terras estrangeiras até que, por fim, ela se cansou e resolveu dar uma lição no marido. Chamou dois amigos dele e pediu-lhes que levassem o corpo adormecido de Hermotimo para outro local, de modo que este só fosse encontrado depois de muita procura. Esperava que ele, no futuro, não tivesse tanta propensão a abandoná-la por longos períodos. No entanto, a esposa desconhecia que os dois amigos eram, na verdade, rivais de Hermotimo. Eles aproveitaram a oportunidade para cremar o inimigo. Quando Hermotimo retornou, em espírito, e encontrou o corpo reduzido a cinzas, passou a assombrar a esposa até chegar a vez dela de unir-se a ele no mundo espiritual.

2 A alma e as Escrituras

De maneira geral, as experiências de quase-morte são consideradas um fenômeno moderno, que só veio a público na década de 1970 pelas publicações dos estudos de Raymond Moody, Elizabeth Kübler-Ross e seus sucessores. No entanto, tal concepção é um erro.

Tanto as EFCs quanto as EQMs estão presentes na literatura sagrada de todas as principais religiões, fés e filosofias do mundo, assim como a descrição de um paraíso celestial que, acredita-se, é o destino definitivo de todas as almas que o mereçam.

O cristianismo se estabeleceu na crença de que Jesus ergueu-se de seu sepulcro e foi visto "em espírito", ao passo que o Islã honra a "jornada noturna" do profeta Maomé, uma alusão à viagem da alma, e os místicos da religião judaica atingem a experiência pessoal do divino por meio de visualizações que são praticadas até hoje. Se o paraíso não passasse de um mito, de uma promessa vazia para dar conforto a quem está aborrecido ou uma recompensa ao justo, não seria um aspecto de destaque da Torá, da Bíblia, do Alcorão, nem dos textos sagrados hindus e budistas.

A fé cega, sozinha, não consegue sustentar um ser humano no decorrer das experiências da vida. É necessário um senso intuitivo de que aquilo que nos contaram sobre o que nos aguarda no pós-morte é, pelo menos em essência, verdadeiro. Com relação a essa necessidade, escreve a doutora Carol Zaleski, da Universidade de Harvard:

> A menos que seja testada e redescoberta na vida diária, a convicção de que a vida sobrepuja a morte, embora experimentada com intensidade, acabará por perder a vitalidade e se tornar um mero registro fóssil, tão alheia quanto qualquer doutrina apropriada de terceiros.

Do meu ponto de vista, a fé tem existido e continua a ser redescoberta por um número crescente de "pessoas comuns" em todos os países e culturas ao redor do mundo, todos os dias. Sem dúvida, existem muitos indivíduos igualmente convictos de que não existe vida após a morte e de que, quando morrerem, deixarão de existir. Esse tipo de convicção serve para provar o poder do ego comum, que racionaliza sua existência ao negar uma realidade maior. Mesmo que não tivéssemos memórias conscientes do reino celestial, nosso "eu superior" ou verdadeiro as tem. Entretanto, freqüentemente a revelação dessa grande realidade encontra-se encoberta nos textos sagrados por meio de simbolismos, seja para manter o mistério dos estados alterados de consciência para seus iniciados, seja porque os que o registraram não entenderam a real natureza ou o verdadeiro significado da experiência.

A morte e o fim dos dias

A morte é um conceito estranho às religiões orientais, que se baseiam na crença de que nada morre. Todas as formas de vida são animadas por uma energia universal, e uma energia não morre. Pode apenas ser transformada. Do mesmo modo, ainda que a forma física de um ser humano deixe de funcionar e desintegre-se após a morte, a personalidade vive em uma realidade não-física até renascer em um novo corpo.

Por esse motivo, não existe um "juízo final" nas filosofias orientais, nem a ressurreição física no "fim dos dias". Em vez disso, existe a crença em um ciclo contínuo de morte e renascimento, a partir do qual somos obrigados a atingir tanto o discernimento quanto a experiência.

O hinduísmo e o budismo preocupam-se exclusivamente com a evolução espiritual do indivíduo, não com o destino da humanidade. Eis a diferença fundamental com relação às filosofias e religiões ortodoxas ocidentais, que enfatizam a vontade de Deus e a eliminação do pecado original – conceitos estranhos aos orientais.

Hinduísmo

Na religião hindu, há um número ilimitado de mundos e o paraíso é só um estágio na jornada de volta à origem, não o destino final da alma. Nesse ponto, o hinduísmo tem muito em comum com o budismo e o judaísmo, e também com os primórdios do cristianismo, que tomou dos místicos judeus o conceito dos sete céus.

Segundo a mitologia hindu, o paraíso é um "reino de luz inesgotável" (*Rig Veda** IX 113:7), uma dimensão de sonho, uma realidade alternativa, não menos real

* Os Vedas são os textos hindus mais antigos, compostos e divulgados oralmente por vários séculos (acredita-se que tenha sido entre 1500 a.C. e 1200 a.C.). A palavra *veda* significa conhecimento ou visão e *Rig veda* significa "veda dos hinos". *Fontes:* http://www.amorcosmico.com.br/hinduismo/embasamento/literaturaVedas.asp. (N. T.)

do que nosso próprio mundo, embora exija um estado elevado de consciência para ser vivenciado.

Tais imagens nos convidam a uma comparação com as descrições do paraíso dadas por aqueles que passaram pelo fenômeno da EQM. Com o objetivo de atingir esse estado de felicidade, os autores do *Rig Veda* incentivam os hindus a se abster dos prazeres do mundo físico, de modo que possam enxergar o divino em todas as coisas e perceber a unidade da existência. Nesse nível de consciência, a pessoa se torna um brâmane (sacerdote da religião hindu) e, no instante da morte, atinge a libertação, de forma que se funde com a alma suprema. Para o hinduísmo, a alma humana individual se compara a um punhado de sal que é retirado do mar e deve, por fim, retornar à origem.

Olhando superficialmente, os vários elementos do hinduísmo parecem contraditórios entre si. Um estudo mais profundo, porém, revela que são facetas diferentes da mesma filosofia.

Há uma corrente, por exemplo, que nega a existência de um Deus onipotente e enxerga o mundo físico e a dimensão celestial como realidades separadas. Existe ainda a tradição que também sustenta a separação entre os mundos do espírito e da matéria, mas mantém a crença em um criador universal: o Brahman. Outra concepção é a que considera o universo físico uma manifestação da vontade divina de Brahman.

Apesar de ser inevitável que as várias seitas da mesma religião entendam o criador de acordo com as próprias esperanças e medos, é interessante que todas as ramificações do hinduísmo compartilhem a compreensão de conceitos centrais, como a lei universal de causa e efeito (*karma*) e a reencarnação (*samsara*).

Budismo

Se quiser conhecer sua vida passada, observe sua condição presente. Se quiser conhecer sua vida futura, observe suas ações presentes.

Ensinamento tibetano budista

A religião budista, que teve origem como um movimento de reforma dentro do hinduísmo, partilha com este a crença no *karma* e na reencarnação, o ciclo de morte e renascimento do qual só se pode sair pela iluminação.

Ao passo que o hinduísmo é um reservatório de sabedoria, mitos, especulações e superstições de diversas fontes, compilados ao longo de muitos séculos, o budismo, por sua vez, encontra-se enraizado nos ensinamentos de um só homem, seu fundador: Gautama Buda.* Contudo,

* Buda significa "estar ciente ou completamente consciente de". Um Buda é um ser totalmente iluminado. *Fonte:* http://hsingyun.dharmanet.com.br/buddhismo.htm. (N. T.)

as diversas escolas do budismo têm interpretações próprias das inspirações do fundador e apresentam métodos diferentes para que se atinja o estado de felicidade (*nirvana*).

É curioso notar que os budistas não crêem que cada indivíduo tenha uma alma no sentido judaico-cristão. Para eles, a alma é composta de cinco elementos: corpo físico, emoções, sentidos, força de vontade e consciência. Juntos, esses elementos formam a personalidade, que se dissolve no instante da morte, permanecendo apenas a consciência pura, que passa a habitar um novo corpo ou ascende a estados mais elevados.

Existe uma diferença entre o "eu inferior" (a mente e o ego comuns) e o "eu superior" (ou superego). Ao submetermos, de maneira consciente, o "eu inferior" à vontade maior do "eu superior", podemos despertar o Buda interior e iniciar o processo que leva à iluminação. Tal processo não deve ser considerado uma luta ou repressão de nosso "eu carnal", mas uma reconciliação desses dois aspectos complementares. A função desse exercício é cultivar o desprendimento do mundo material.

Embora o budismo seja uma filosofia focada na misericórdia e na paz de espírito, as descrições das imagens do inferno em seus textos sacros apresentam um cenário preocupante. No entanto, os budistas modernos consideram tais alegorias como símbolos de um estado mental.

Também chamam a atenção as descrições que essa religião faz do paraíso como estados variados de consciência, que lembram os sete céus do misticismo judaico e do antigo conceito cristão de um reino celestial com várias dimensões, ao qual se acredita que Jesus faz referência quando diz: "Na casa de meu Pai há muitas moradas (Jo 14,3).

O tema principal do sistema de crenças do budismo é a transitoriedade. Tudo, até a paz do paraíso, é temporário. A única esperança de libertação desse ciclo de sofrimento (morte e renascimento) é a rendição total do eu, a fim de nos tornarmos unos com a fonte.

O *delok* tibetano

Os tibetanos têm um termo especial para se referir aos que passaram para um estado transitório entre a vida e a morte e retornaram para contar sua experiência. Chamam-se *delok*, e o processo que descrevem apresenta paralelos com o fenômeno da EQM.

Nos ensinamentos budistas do Tibete, experiências de quase-morte não são estados alterados de consciência, mas simplesmente um estado de consciência elevada, no qual a mente se encontra livre para vagar pelos diversos reinos, interpretando o que vê segundo as próprias expectativas. Se ela vê algo que não entende, pode retornar ao corpo com uma certa sensação de medo.

EQMs negativas – que, a propósito, são extremamente raras – podem, portanto, não ser nada mais do que a incapacidade de um indivíduo de lidar com uma sensação desconhecida ou com um estado mental estranho.

Aqueles que receiam o que pode haver além do túnel de luz, por exemplo, ou que estão desorientados quando se descobrem livres de seu corpo e suspensos no espaço, podem entrar em pânico e voltar, convictos de que por pouco não foram tragados por uma cova escura. Experiências como essas podem ter dado origem ao conceito de inferno. Da mesma forma, aqueles que não estão cientes de que desencarnaram podem descobrir-se em um lugar onde indivíduos de igual mentalidade vagam sem rumo. Quando, enfim, percebem onde se encontram, podem também voltar, apavorados pelas imagens de criaturas sem alma, que parecem zumbis.

O Livro Tibetano dos Mortos

Nem todos os textos sagrados são alegóricos. O *Livro Tibetano dos Mortos*, por exemplo, é um manual para a alma que parte deste mundo e oferece instruções explícitas que facilitam a passagem desta vida para a próxima. Seu conteúdo deve ser lido em voz alta por aqueles que vigiam os mortos, durante 49 dias seguidos. Acredita-se que, nesse período, a alma ainda se encontre no estado intermediário entre a morte e o renascimento.

Embora tenha sido escrito há mais de mil anos, sua descrição das três fases da morte mostra uma semelhança surpreendente com os relatos modernos de EQMs, apesar de não existir menção a um paraíso celestial, pois os tibetanos crêem que, quando se encontra entre a morte e o renascimento, a consciência descarnada cria seu ambiente segundo as próprias expectativas.

O primeiro estado acontece quando a consciência é suspensa até o ponto de separação com o corpo físico. Nesse momento, a pessoa está inconsciente de sua morte. Apenas depois que olha para baixo e vê o próprio corpo sem vida, o indivíduo percebe que sua essência etérea é seu "eu verdadeiro". Durante a dissolução ou o desprendimento do corpo, a personalidade desencarnada pode estar sujeita a estados de alucinação que levam a comparações com o túnel de luz descrito nas EQMs.

O estágio seguinte é fundamental caso o espírito esteja se libertando para entrar na "luz clara e primordial" do mundo superior. Nessa etapa, reforça-se a importância de se abandonar todos os vínculos emocionais com pessoas e lugares, de modo que a alma possa elevar-se em direção à luz. Alguns, no entanto, não querem ou não conseguem abrir mão de suas posses, ou guardam no coração arrependimentos e rancores capazes de atá-los ao plano terreno. Outras pessoas podem, ainda, ser assombradas pelas próprias ações malignas, e só conseguem exorcizar tais lembranças ao revivê-las em uma sucessão de infernos criados por elas mesmas.

Assim que se desligam de todos os vínculos, esses espíritos são julgados pela própria consciência, um processo que encontra correspondência em diversas culturas ao longo dos séculos. Tendo enfrentado as conseqüências de suas ações, o espírito submete-se à sua própria essência divina, que determina se ele pode entrar no estado de felicidade ou deve reencarnar.

Islã

O Islã foi fundado no sexto século da era cristã pelo profeta Maomé, pregador de uma fé monoteísta de tradição judaico-cristã. Sob sua liderança, os muçulmanos (termo que significa "aqueles que se submetem à vontade de Deus") derrotaram seus inimigos e edificaram uma civilização muito mais adiantada do que aquela que existia na Europa daquele tempo.

O Islã dá grande ênfase ao pós-vida, descrevendo-o como um paraíso para o fiel. Os jardins do paraíso são exuberantes, banhados por rios caudalosos de água cristalina, leite e mel. Na qualidade de sociedade patriarcal, o Islã promete, aos homens corretos, uma multidão de virgens sedentas de desejo – só não menciona que recompensa aguarda as mulheres de virtude. O jardim é uma verdadeira caverna de Aladim, cheia de pedras preciosas, na qual todos os desejos são concedidos. O paraíso é um lugar no qual os velhos rejuvenescem, e mesmo o mais humilde é atendido por 72 mulheres e 80 mil escravos. Já o inferno é um local onde o fogo devora as carnes e há ataques incessantes de serpentes e escorpiões.

Judaísmo

Um dos mais remotos episódios de viagem astral se dá no Antigo Testamento. No Segundo Livro de Reis, o profeta Eliseu praticava uma forma de visualização a distância, a fim de alertar os israelitas sobre a iminência de um ataque dos exércitos sírios. Sempre que o rei da Síria colocava suas tropas em posição, encontrava os israelitas já entrincheirados atrás de defesas recém-erguidas.

Existem referências passageiras aos céus e infernos na Torá, a Bíblia judaica, embora não haja nenhuma menção explícita a uma alma imortal. Há descrições de uma fossa escura, chamada *Sheol*, na qual tanto os justos quanto os malvados descem, esperando pela vontade de Deus. Não se trata de um lugar de demônios e tormentos. É uma escuridão intensa, um lugar de esquecimento, silêncio e sono. Já o paraíso é a morada de Deus sozinho.

Essas crenças sombrias são tidas como uma expressão do desespero e da decepção dos judeus, conseqüência de sua repetida história de escravidão. Mais tarde, tais convicções foram abrandadas pela esperança do surgimento de um Messias que os ajudaria e livraria de seus inimigos. Como resultado, textos posteriores dão menos ênfase ao *Sheol* e oferecem a promessa do paraíso como uma terra eterna de leite e mel para os que levassem uma vida justa.

No entanto, assim como ocorre com outras religiões de destaque, as práticas ortodoxas e as Escrituras judaicas refletem somente um aspecto da tradição. Nos rituais e textos sagrados encontram-se ensinamentos ocultos (esotéricos) escritos na forma de códigos, que revelam o verdadeiro significado da existência e da natureza do universo. Durante séculos, esses ensinamentos secretos foram transmitidos oralmente, do mestre ao discípulo, pois se temia que, se fossem anotados, pudessem cair em mãos profanas. Por isso, deu-se a esses ensinamentos o nome de Cabala (que significa "receber"). Assim que um iniciado soubesse interpretar a linguagem simbólica da Torá, as histórias do Antigo Testamento revelar-se-iam muito mais do que a história do povo judeu e passariam a ser lidas como uma metáfora da jornada do ser humano pela vida.

A Cabala caracteriza-se por um conjunto de símbolos denominado árvore da vida, no qual estão dispostos os atributos divinos. Tais características também se manifestam no ser humano, porém de maneira limitada.

Para tornar-se plenamente realizada e iluminada, a pessoa deve tomar consciência desses atributos e buscar um equilíbrio entre eles.

Os mistérios da vida, da morte e do renascimento

A ciência revelou os processos físicos do envelhecimento, da doença, da decadência e da morte, que considerávamos um mistério sagrado apenas poucos séculos atrás. Também identificou as etapas biológicas da concepção, da gestação e do nascimento, a ponto de logo sermos capazes de criar vida artificialmente, pela clonagem de um ser humano. No entanto, para os que passaram pela experiência pessoal de sair do corpo conscientemente, ainda resta revelar o que acontece de fato no momento de transição entre vida e morte.

Os relatos dessas pessoas confirmam que a morte não é um fim, mas apenas uma passagem de um estado de consciência para outro, quando se joga fora a concha frágil que chamamos de corpo. Entretanto, esses indivíduos são, em sua maioria, "gente comum", pessoas que se sentem incapazes de expor e compreender suas experiências. Já os místicos, com freqüência, exprimem suas visões com um simbolismo obscuro, repleto de condicionamentos, religiosos e culturais, o que também não contribui para um nível melhor de informação.

Como conseqüência, o processo que envolve essa passagem continua expresso em imagens incertas, subjetivas e irreais, sem nenhuma definição de como seria esse reino celestial ou onde ele se encontra dentro de um plano maior. Até onde sei, só a Cabala proporciona um modelo de universo no qual os mundos superiores são apresentados como uma expressão mais refinada de nossa dimensão material. Dentro desse esquema, tão consistente e lógico, todas as experiências espirituais e paranormais são consideradas vislumbres de uma realidade maior, e não fenômenos aleatórios.

O que acontece no instante da morte?

Segundo a tradição cabalística, cada um de nós passa a existir assim que se separa da origem, adquirindo um corpo de densidade crescente durante a transferência para o estado da matéria.

Somos, portanto, formados por quatro elementos: corpo físico, psique, alma vital e centelha divina de consciência pura. Cada um deles existe em sua própria esfera de influência, em uma das quatro realidades que se entremeiam (quatro mundos), conhecidas, em grupo, como a Escada de Jacó (veja o diagrama a seguir). Dentre as criaturas terrestres, apenas nós somos capazes tanto de nos concentrar exclusivamente em nossas necessidades físicas como de expressar uma variedade completa de emoções, da sensibilidade à fúria. Podemos intelectualizar, raciocinar, refletir, recordar ou buscar a realização de nosso potencial, e também temos a capacidade exclusiva de elevar nossa consciência, partindo dos níveis mais baixos para os espirituais, sempre que oramos, meditamos ou usamos a imaginação, que é a chave para a consciência superior.

Nesse sentido, trabalhamos nos reinos do espírito, do pensamento, da emoção e da ação de modo simultâneo e inconsciente. Contudo, quanto mais nos tornamos autoconscientes, mais controle obtemos sobre nosso corpo, nossas emoções, nossos pensamentos e nossa conexão com o "eu superior".

Dentro desse contexto, as EFCs podem ser vistas como algo que envolve um desprendimento temporário entre o corpo físico e a psique , enquanto a morte significa uma separação permanente desses dois veículos.

No esquema da Cabala, o paraíso não é nosso destino definitivo; apenas o primeiro estágio de nossa evolução de volta à origem, o que, provavelmente, ocupa o período de muitas vidas. O jardim celestial descrito em inúmeras EQMs é a dimensão seguinte à nossa. Trata-se do mundo da ilusão, no qual nossa psique liberada, antes entorpecida pelas limitações dos cinco sentidos, encontra-se agora arrebatada pela intensidade da energia desse estado elevado de consciência, o que justifica a sensação de alegria e a luminosidade das cores experimentadas neste nível.

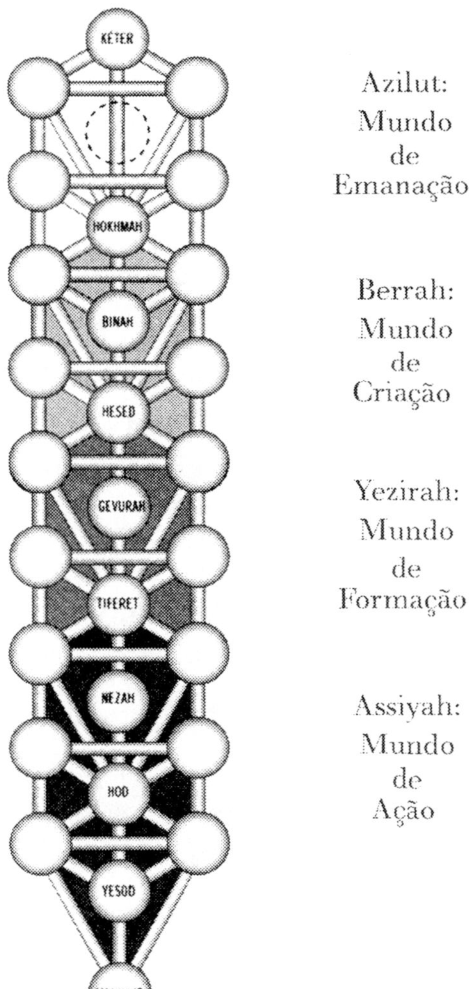

Diagrama: os quatro mundos da Escada de Jacó

A morte se dá quando a alma vital não consegue mais manter o corpo físico e a psique em sincronismo. Isso pode acontecer por causa de uma doença prolongada ou de um ato violento. Nesse momento, o cordão de prata umbilical de energia etérea que liga a psique ao corpo se desprende. Esse cordão de prata é característico de muitas EFCs.

A ligação entre os dois elementos é tão forte que não é incomum que a psique permaneça nos arredores do corpo por alguns dias. Isso explicaria as muitas aparições de falecidos nos próprios funerais. Na tradição judaica, essa aparição é conhecida como *zelim*, ou imagem-sombra, mas é comum a todas as culturas, daí a prática universal de despedidas rituais a fim de facilitar a passagem para o além.

As almas que não conseguem ou não querem subir para o nível seguinte, por causa de vínculos, vícios ou pela determinação em resolver questões pendentes, permanecem presas à terra como fantasmas. Outras podem simplesmente não ter consciência de que estão mortas, ou porque não conseguiam conceber uma vida após a morte ou porque se encontravam despreparadas. Até se conscientizarem do fato de que não têm mais influência sobre o mundo físico, podem reviver suas rotinas diárias.

Com relação ao purgatório, trata-se do estado simbólico experimentado pelas pessoas que têm necessidade de se punir por suas ações na terra.

Contudo, a maioria dos seres humanos se recupera das experiências da vida no centro do mundo, no Éden celestial, enquanto almas mais adiantadas ascendem aos domínios do espírito puro. Apenas essas almas altamente evoluídas podem escolher a duração da próxima encarnação, pois somente elas são autoconscientes, isto é, sabem que tarefas precisam realizar e quais são as experiências necessárias para atingir a auto-realização.

Cristianismo

O Novo Testamento não menciona o que acontece com as almas individuais após a morte; em vez disso, dá grande ênfase ao destino final da humanidade quando chegar o fim dos dias. É um contraste notável com os ensinamentos de sabedoria encontrados no Evangelho de Tomé, que, segundo afirmam os estudiosos do tema, contém as palavras originais de Jesus, não censuradas. Nesse texto herético, que a Igreja procurou omitir, Jesus afirma que o Reino dos Céus se encontra dentro de cada um de nós.

A ninguém pode ser negado o acesso a esse espaço sagrado. Se nos excluímos disso, é porque acreditamos que somos pobres pecadores miseráveis, necessitados da permissão de outra pessoa para entrar. Outros fatores que atrapalham essa experiência são o apego excessivo às coisas materiais e a extrema identificação que temos com nosso "eu terreno". Tudo isso representa uma barreira que dificulta o encontro mais intenso com o Cristo interior (ou seja, o "eu superior").

Jesus desejou que todos os seres humanos entendessem que tinham pleno direito de alcançar esse nível elevado de consciência, mantendo-se, no entanto, enraizados no mundo físico. Acredita-se que Jesus tenha aprendido com os essênios (membros de uma seita mística judaica de práticas austeras) técnicas para atingir estados alterados de consciência. Contudo, esses segredos não eram transmitidos livremente entre os profanos. Assim, Jesus e seus discípulos os codificaram em parábolas, pequenas histórias de caráter pedagógico.

No Evangelho de Felipe, Jesus aparece nitidamente familiarizado com o mundo astral, que chama de "o verdadeiro reinado" e "o reinado da verdade", e a unidade de todas as coisas que pode ser sentida nesse estado.

> Ninguém pode ver algo das coisas que realmente existem a menos que se torne como elas. Não é assim que se passa com o homem no mundo: ele vê o sol sem ser o sol; vê o céu, a terra e todas as outras coisas, mas ele não é estas coisas [...]. Assim, [neste lugar] vês todas as coisas e não [vês] a ti próprio, mas [naquele lugar] realmente vês a ti mesmo, e te tornarás o que vires.*

* *Fonte:* http://www.geocities.com/ana_ligia_s/felipe.html (com base no Evangelho de Felipe). (N. T.)

Esses evangelhos apócrifos* mostram Jesus como um homem plenamente realizado, em vez de o único Filho de Deus. Quando incentivou seus seguidores a fazer o que lhes fora solicitado, obter a união com o divino, ele não estava, como a Igreja afirma, exigindo obediência, servidão e fé cega; ao contrário, estava nos incentivando a seguir seu exemplo.

A promessa de uma ressurreição física é invenção da Igreja. Jesus e seus discípulos não mencionaram esse milagre. Eles falam, em vez disso, da ascensão aos céus, em espírito, sem o corpo físico, que foi deixado no momento da morte ou durante a meditação. Segundo os Evangelhos Gnósticos, Jesus apareceu a seus discípulos na forma de um espírito, para comprovar que a alma sobrevive à morte.

Para muitos cristãos ortodoxos, o inferno não simboliza um estado da mente, e sim uma realidade, um lugar de fogo e enxofre no qual os amaldiçoados são punidos por sua maldade na terra ou por terem rejeitado Jesus como seu salvador. Em termos mais rudes, o paraíso é para os justos e o inferno para o resto. Entretanto, essa imagem do tormento eterno e da retribuição

---

* Evangelhos que não são reconhecidos como fontes inspiradas e que não compõem a lista de livros da Sagrada Escritura. Às vezes são denominados Evangelhos Gnósticos. Entre eles estão o Evangelho de Tomé, Felipe e Maria Madalena (baseado em http://www.priberam.pt/dlpo/definir_resultados.aspx). (N. T.)

divina está em conflito com a afirmação de que "Deus é Amor", que aparece na Primeira Carta de São João (1 Jo 4,16), e com a idéia de que o perdão é a maior das dádivas. A sempre presente ameaça de condenação não faz concessões às fraquezas humanas e restringe cada um de nós a uma única chance na vida, algo impraticável e irracional, a antítese da compaixão cristã. Jesus reconheceu que todos cometem erros ao afirmar: "Atire a primeira pedra aquele que estiver livre de pecado" (Jo 8,7). Se o paraíso estivesse fechado aos pecadores, ficaria vazio, a não ser pelos discípulos, mártires e santos.

Além disso, a crença no inferno e a ênfase no pecado só geram uma culpa autodestrutiva. No entanto, talvez fosse essa a intenção dos primeiros estudiosos cristãos, que fizeram uma edição rigorosa dos Evangelhos, pelos quais, sem culpa, os cristãos ortodoxos não precisariam da absolvição nem de religiosos para proporcioná-la.

Jesus disse: Se vossos guias vos disserem: "o reino está no céu", então as aves vos precederam; se vos disserem que está no mar, então os peixes vos precederam. Mas o reino está dentro de vós, e também fora de vós. Se vos conhecerdes, sereis conhecidos e sabereis que sois filhos do Pai Vivo. Mas, se não vos conhecerdes, vivereis em pobreza, e vós mesmos sereis essa pobreza.

Evangelho de Tomé

Se as narrativas atuais de experiências de quase-morte indicam um processo ou estado natural a ser partilhado por todos nós, deveríamos, então, esperar encontrar tais experiências descritas nos textos sagrados de todas as religiões e filosofias do mundo, embora em formato simbólico e dentro do contexto cultural daquele período e lugar. Como fiz um estudo comparado de religiões, entendo que existe um conceito comum, referente à vida após a morte, no núcleo de todas as religiões de destaque.

Esse conceito comum, porém, tornou-se obscuro e confuso com o passar do tempo, por causa das freqüentes interpretações equivocadas e modificações seletivas das Escrituras realizadas por aqueles que pretendiam ser os mediadores entre o homem e seu Deus. O problema tornou-se ainda maior com as inevitáveis rupturas que originaram uma proliferação de várias seitas, cada uma com a própria interpretação dos ensinamentos originais.

A viagem da alma e os santos

Embora a Igreja tenha declarado, em 533 d.C., que a reencarnação é uma heresia, não eliminou a crença na viagem espiritual, principalmente nas histórias contadas por seus santos. Santo Agostinho (354-430 d.C.) conta a história supostamente real do senador Curma, cujo espírito deixou o corpo enquanto ele permanecia em coma. Ao ouvir chamarem seu nome, ele saiu em busca de outros espíritos, considerando ter sido convocado ao Juízo Final. Disseram-lhe que havia outro homem com o mesmo nome, e que estava sendo chamado ao paraíso: tratava-se de um ourives que morava na mesma cidade. Após perambular sem rumo naquele mundo intermediário, conheceu os espíritos de outros indivíduos, os quais ele sabia que ainda viviam e talvez estivessem sonhando naquele instante. Quando, por fim, o senador voltou a seu corpo, enviou um empregado para a casa de Curma, o ourives, e ficou sabendo que o homem falecera naquele exato dia.

Presume-se que muitos santos tenham praticado a arte da projeção astral; dentre eles, São Severo de Ravena, Santo Ambrósio e São Clemente de Roma. Dizem que Santo Antônio de Pádua, em 1226, estaria pregando em uma cidade na França quando se lembrou de que tinha concordado em tomar conta de um mosteiro localizado em outra parte do povoado. À vista de todos, ele se ajoelhou e, por vários minutos, orou em silêncio. Ao mesmo tempo, surgiu perante os monges do mosteiro, que o ouviram ler a lição conforme prometera. Em seguida, desapareceu diante dos olhos dos presentes. Séculos mais tarde, em 1774, Santo Afonso Ligouri caiu durante uma missa e permaneceu inconsciente durante 24 horas. Ao se recompor, afirmou ter estado presente à morte do Papa Clemente XIV, em Roma. Sua história foi posteriormente verificada por pessoas que o avistaram orando ao lado da cama do pontífice moribundo. Embora possa surpreender os céticos, tal fenômeno, conhecido como bilocação, não é incomum (consulte o capítulo 5).

3 Estados alterados

Existem mistérios que supostamente
estão resolvidos e há mistérios
supostamente a serem explorados.
Kenneth Ring

A dimensão dos sonhos

Alguns sonhos parecem tão reais que temos dificuldade de nos adaptar ao "mundo real" quando acordamos. Ficamos desorientados por alguns instantes, fora do eixo com relação a nosso corpo, num estado que não pode ser definido como simples cansaço. Costumamos dizer a nós mesmos ou a nossos familiares: "Parecia tão real!". A lembrança desse tipo de sonho em geral dura vários dias, ao contrário daqueles que evaporam no momento em que abrimos os olhos. Qual é, então, o significado desses sonhos? É possível que, em nosso sono mais profundo, experimentemos o primeiro estágio da morte?

Em sonhos assim, ficamos totalmente envolvidos em um mundo plausível, tudo ao redor parece sólido e temos uma clara sensação de espaço, de nos locomovermos pelo ambiente como se caminhássemos ou viajássemos por meios convencionais. No entanto, nunca temos lembranças de sermos nosso "eu desperto". Nunca nos recordamos de nosso lar ou dos detalhes de nossa vida em estado de vigília. Só fazemos isso no ponto mais superficial do fim do sono, em que experimentamos nossas ansiedades e desejos.

Durante nossos sonhos mais profundos, estamos "distantes", visitando um ambiente estranhamente familiar sem correspondência com nossa vida quando acordados. Nesses sonhos, somos nossos "eus verdadeiros" e, como tal, não nos identificamos com a vida que deixamos para trás ao abandonarmos nosso corpo. Portanto, existe uma distinção importante a ser feita entre sonhos comuns, nos quais recapitulamos eventos do dia, e esses sonhos espirituais de uma realidade alternativa.

Vários estudantes que freqüentam meus cursos de meditação relataram-me sonhos em que estiveram com entes queridos, mortos anos antes, e estavam convictos de que aqueles encontros eram reais. Na minha opinião, eles *são* reais e possíveis porque, nos estágios mais profundos do sono, em nosso sonho, podemos viajar até um domínio entre os mundos; e é nesse estado que podemos criar nosso momento de tranqüilidade, algo que muitos médiuns têm interpretado como paraíso.

Entendo que esse paraíso formado por uma paisagem de jardins e lindos edifícios de mármore não é um lugar real, mas um estado da mente, de consciência, no qual criamos nosso ambiente por meio da imaginação. No entanto, trata-se apenas de um estado passageiro entre o mundo físico e o reino superior, para o qual somos atraídos assim que nos desprendemos de nossos vínculos emocionais e desejos. É o *bardo* do qual os budistas falam, mas não o paraíso bucólico além do túnel de luz, que vem acompanhado de uma sensação de felicidade, de cuja experiência todos os que passaram hesitam em retornar.

Nesse mundo dos mortos, nós nos demoramos todo o tempo necessário, a fim de perder nossas ligações com as coisas materiais. Por isso, aqueles que acabaram de falecer raramente se referem a assuntos como a natureza da existência ou a finalidade da vida quando se comunicam por meio de um médium; em vez disso, estão mais preocupados com as questões mundanas ou usam termos imprecisos sobre a importância de amarmos uns aos outros. Isso porque eles se encontram apenas do outro lado da vida, no *bardo*, o falso paraíso, e não em domínios mais elevados.

Sonhos lúcidos

Quem primeiro sugeriu a possibilidade de abandonarmos nosso corpo temporariamente durante os estágios mais profundos do sono foi o médico holandês Frederick van Eeden, no início do século XX. Ele cunhou o termo "sonho lúcido" para descrever o fenômeno no qual a pessoa que está sonhando se conscientiza desse fato e assume o controle do sonho, experimentando todas as sensações de uma EFC normal, embora dentro de uma paisagem fantasiosa criada pela mente consciente. Parece tratar-se de uma experiência bastante comum, acionada pela percepção de que a situação em um sonho é improvável demais para ser verdadeira, como no caso de adultos que se encontram na escola fazendo uma prova. Em um dado momento, a mente consciente começa a trabalhar, recordando ao sonhador que aquela situação é impossível, mas, em vez de abrir os olhos, a pessoa acorda em seu "corpo de sonho" e pode, a partir daí, manipular o panorama do sonho como bem entender.

Os sonhos lúcidos envolvem, invariavelmente, a sensação de vôo, porque o "corpo de sonho" está liberto do físico. Em geral, esses sonhos terminam com a sensação de queda, pois a pessoa retorna ao corpo físico com um solavanco.

Em um sonho especialmente memorável, Van Eeden sonhou que olhava por uma janela e se admirou de estar em dois lugares ao mesmo tempo, pois tinha certeza de estar deitado na cama. Assim, decidiu tentar acordar lentamente e perceber a transição da consciência do mundo dos sonhos à consciência do mundo "real", enquanto observava como a sensação de deitar de bruços no sonho mudaria para a sensação de dormir de costas na realidade. Ao fazer isso, sentiu uma mudança "maravilhosa", à medida que sua consciência deslizava de um corpo para o outro. "Existe uma recordação distinta dos dois corpos", observou. Ele não tinha dúvida de que essa constatação levava, de maneira quase inevitável, ao conceito de um "corpo de sonho".

Pessoas com o hábito de ter sonhos lúcidos que afirmam induzir esse estado à vontade dizem ter ouvido "vozes interiores de sabedoria" que oferecem instruções para ajudar a resolver problemas em sua vida no estado desperto. Alegam também que sua capacidade de manipular seu ambiente aumenta com a experiência.

Vislumbrando uma realidade maior

Se desejamos nos libertar do medo da morte, precisamos aceitar o fato de que nada morre e que apenas a ilusão de separação é que produz o sofrimento.

"Tudo está vivo. Não existe nada morto, apenas nós", observou o místico russo Pyotr Ouspensky (1878-1947), cujas visões reveladoras sugerem que o paraíso e seus habitantes estão à nossa volta, mas estamos preocupados demais com questões mundanas para percebê-los.

As inspirações de Ouspensky eram induzidas quando ele ingeria, às vezes, óxido nitroso, o qual, segundo o místico, produzia uma consciência elevada, ao contrário dos sonhos alucinógenos que as substâncias narcóticas criam. O uso desse gás atóxico foi considerado um auxiliar legítimo à meditação nos primeiros anos do século passado, por determinados membros da elite intelectual, até mesmo William James, o principal filósofo dos Estados Unidos, que declarou:

> Ao inalador, verdades cada vez mais profundas são reveladas [...] a sensação de um significado mais profundo que ali existiu persiste; e sei, mais do que uma pessoa que é persuadida, que no êxtase do óxido nitroso temos uma genuína revelação metafísica.

O apoio de James e as experiências místicas de Ouspensky incentivaram muitas pessoas a fazer experimentos, na esperança de compartilhar o que sentiam ao despertarem para a dualidade do eu e para a percepção de que cada partícula da existência encontrava-se viva e interligada.

O despertar de Ouspensky envolveu a percepção de que ele era a pessoa física que enxergava no espelho e, ao mesmo tempo, algo muito maior. Ele denominou esse aspecto de "eu superior". E foi nesse estado elevado de consciência que percebeu sentido em todas as coisas, até nos objetos domésticos familiares. Através dos olhos do "eu superior", ele podia ver o processo que tinha trazido o objeto à existência e a cadeia de eventos que o trouxeram até sua presença. Todos os que haviam tocado aquele objeto tinham deixado sobre ele uma reverberação de suas energias pessoais. Nada era de fato isolado ou inanimado.

Entretanto, ao comunicar-se diretamente com o "eu superior", Ouspensky percebeu que seria impossível expressar tudo o que sentia em palavras, pois a linguagem se mostra inadequada para transmitir o que se encontra além da compreensão humana. Nossa percepção da "realidade" está limitada aos estímulos que processamos através de nossos cinco sentidos físicos – tato, paladar, audição, visão e olfato. Para notar impressões mais sutis, é preciso desenvolver um sexto sentido.

Homem e super-homem

Um estado de percepção semelhante foi atingido pelo britânico J. G. Bennett, biógrafo e estudioso do místico russo G. I. Gurdjieff (1873-1949). Bennett vinha praticando uma série de exercícios físicos e físico-espirituais desgastantes, planejados para confundir a automatização de sua mente ou ego comum, permitindo que o "eu superior" assumisse o controle. Isso, porém, o deixou cansado e doente. Certa manhã, sua temperatura estava alta e ele se recusava a sair da cama. Naquele instante de rendição, ele se descobriu "possuído" por uma vontade superior que dominou seu corpo e o fez se erguer e vestir-se.

Bennett estava extremamente vigilante, como se vibrasse em uma freqüência mais alta. Ainda nesse estado, juntou-se à sua turma de exercícios matinais. Logo todos estavam mortos de cansaço, menos Bennett, que teve a oportunidade de testar os limites do "eu superior" que o dominara. Suas descrições são extraordinariamente semelhantes às dadas por pessoas que observaram o corpo etéreo durante uma EFC: "Sentia-me preenchido pela corrente de um poder imenso. Meu corpo parecia ter se transformado em luz... não havia esforço, dor, cansaço, nem mesmo qualquer sensação de peso".

Depois das aulas, ele foi até a escola de treinamento espiritual de Gurdjieff e cavou no jardim durante uma hora, sob um calor rigoroso e em um ritmo que deixaria esgotado mesmo um homem mais jovem e em condições físicas melhores.

Durante seus esforços, experimentou uma sensação elevada de consciência, na qual percebeu a unidade de tudo aquilo que olhava. Cada objeto, cada pessoa que via tinha seu lugar e seu propósito na existência. Era difícil para ele exprimir o senso inexplicável da quinta dimensão na qual ele agora existia. A certa altura, exclamou: "Agora vejo por que Deus se oculta de nós!".

Lembrou-se de que um dia saiu para caminhar na floresta e maravilhou-se com as belezas que a natureza lhe apresentara. Em regozijo, recordou-se de uma descrição de Ouspensky sobre o estado místico, no qual afirmava que não tínhamos controle sobre nossas emoções. Naquele instante, Bennett ficou impressionado com a singularidade de cada uma das árvores dali. Em seguida, pensou no "medo" e começou a estremecer só de imaginar os horrores nas sombras. Com o pensamento de "alegria", o medo se dissipou de imediato e Bennett foi arrebatado por um sentimento de elevação.

Por fim, pensou no "amor" e foi inundado por intensos sentimentos de ternura e compaixão e chegou à conclusão de que ele não tinha a mais remota idéia da profundidade e do alcance do amor em termos universais. O amor era tudo e estava em tudo. Com essa sensibilidade extrema, Bennett teve receio de deixar de existir, caso continuasse explorando ainda mais essa emoção. Naquele instante, percebeu o motivo de a consciência de uma realidade maior ser filtrada pelos cinco sentidos físicos. Optou por abrir mão dessa capacidade recém-descoberta, e, no instante seguinte, não a tinha mais.

Huxley e as portas da percepção

Uma intuição semelhante abriu as portas da percepção para Aldous Huxley. Em uma manhã resplandecente de 1953, Huxley ingeriu uma dosagem insignificante de mescalina* dissolvida em água e ficou quieto, aguardando. Acreditava que, se a nova geração de drogas que expandiam a mente fosse tomada por intelectuais em busca da iluminação, eles seriam privilegiados por um "senso de solidariedade com o mundo e seu princípio espiritual".

Essa substância prometia a revelação da "realidade definitiva", sem os efeitos colaterais do LSD, visto que era derivada de um alucinógeno natural usado pelos sacerdotes indígenas dos Estados Unidos durante séculos.

> Esperava ficar de olhos fechados, observando muitas figuras geométricas coloridas, de arquitetura animada, ricas em pedras preciosas, fabulosas e adoráveis, de paisagens com imagens heróicas, de dramas simbólicos eternamente às margens da revelação definitiva. Mas, evidente-

---

* De acordo com o *Dicionário Eletrônico Houaiss da Língua Portuguesa*, a mescalina alcalóide alucinógena ($C_{11}H_{17}NO_3$) é encontrada especialmente no cacto mexicano chamado mescal; usada em pesquisa médica e bioquímica. (N. T.)

> mente, não contei com as idiossincrasias de minha estrutura mental, as realidades de meu temperamento, meu treinamento e meus hábitos.

Huxley ficou confuso. Não era o mundo interior que estava iluminado, e sim o exterior. Em vez das visões místicas sobre as quais havia lido, as paredes de seu mundo centrado em si mesmo despedaçaram-se diante de seus olhos, revelando a intensidade de uma existência que ele jamais poderia imaginar. De um vaso de flores às dobras de suas calças, tudo se transformava em maravilhas de complexidade infinita.

> Um buquê de flores brilhando com a própria luz interior... Aquelas dobras – que labirinto de complexidade significativa e infindável!... Estava vendo o que Adão vira na manhã em que foi criado – o milagre, momento a momento, da existência nua.

A experiência de Huxley levou-o à conclusão de que nossos sentidos estão propositadamente embotados, ou que nossa percepção da "realidade" é o resultado de informações filtradas por nosso cérebro, para que possamos funcionar como animais superiores no mundo físico. Caso contrário, nossos sentidos seriam ultrapassados. Conforme ele mesmo observou:

> A mente se encontra preocupada, principalmente, não com medições e locais, mas com existência e sentido... Nos intervalos entre suas revelações, a pessoa que ingere mescalina é capaz de sentir que, embora por um lado tudo seja soberbo, como deveria ser, por outro existe algo errado.

Huxley considerava "errado" o senso de separação induzido pela mescalina. Para ele, apenas pela elevação de nossa consciência de uma maneira natural, sem o artifício das drogas, podemos conquistar o senso de união experimentado por místicos e filósofos. Se pudermos fazer isso, argumentava, teremos, então, aberto verdadeiramente as portas da percepção.

4 Atravessando o véu

Como é morrer? Essa permanente questão pode ser respondida de pronto pelos vários milhares de indivíduos ao redor do mundo que afirmam ter passado por uma experiência de quase-morte. Para os que se recordam de ter deslizado para fora da concha física como uma cobra troca de pele, de ter flutuado em liberdade e experimentado a situação de voar por longas distâncias à velocidade do pensamento, trata-se de algo mais real do que nosso mundo de forma e matéria.

Antes do século XIX, imaginava-se que esse tipo de experiência se restringia aos videntes religiosos. Entretanto, o crescente interesse pelo espiritualismo durante o auge do Império Britânico (1837-1901) e a capacidade da ciência de explicar determinados fenômenos paranormais criaram um interesse intenso pela pesquisa mediúnica.

Um dos primeiros a estudar profundamente tais assuntos foi o professor Albert Helm, geólogo suíço e entusiasta do alpinismo, cujo interesse pelo tema originou-se de um episódio que quase lhe tirou a vida. Em uma subida perigosa aos Alpes Suíços, em 1871, o professor pisou em falso e mergulhou para o que pensou que seria sua morte.

> Seguiu-se uma série de pensamentos instantâneos e particularmente nítidos entre uma sucessão rápida e abundante de imagens aguçadas e distintas... Posso, quem sabe, compará-las melhor às imagens que se desprendem de um projetor ou a uma seqüência veloz de figuras de um sonho. Como se olhasse pela janela de uma casa alta, vi a mim mesmo como um garoto de 7 anos indo à escola. Em seguida, observei-me na sala de aula com Weisz, um professor da quarta série que eu adorava. Eu representava minha vida como um ator em um palco, assistindo a tudo de uma posição superior, como se me encontrasse na parte mais alta da platéia de um teatro. Era tanto um herói quanto um espectador... Tinha a sensação de me submeter à necessidade. Então, vi que, sobre mim – meus olhos olhavam diretamente para cima – ,

> se inclinava um lindo paraíso azul, com pequenas nuvens violeta e róseo-avermelhadas. Em seguida, tocou uma música solene, como se vinda de um órgão, em acordes poderosos... Sentia-me indo para trás suavemente, na direção daquele céu magnífico – sem ansiedade, sem tristeza. Foi um momento formidável e glorioso!

A experiência instigou Helm a iniciar uma pesquisa com outros alpinistas que haviam escapado por pouco da morte e, em 1892, ele publicou o primeiro artigo sobre o assunto que hoje em dia é conhecido como experiência de quase-morte. A partir desse estudo, o professor conseguiu identificar diversos elementos importantes, comuns a todos os relatos que lhe eram feitos: a sensação de existir em um instante além do tempo, uma retrospectiva da vida se desdobrando, como se a pessoa fosse um espectador assistindo à própria história, e a paz deliciosa e envolvente, substituindo o terror que poderia ser sentido. O professor Helm experimentara uma separação espontânea entre a mente e o corpo com a percepção surpreendente de quem estava prestes a morrer.

Outra experiência do gênero foi relatada pelo reverendo Bertrand, que narrou sua história a dois dos mais respeitados pesquisadores de fenômenos paranormais do século XIX: Richard Hogson e William James. Ambos tiveram o cuidado de verificar os fatos com testemunhas antes de divulgar o caso no *Diário da Pesquisa Mediúnica*, em 1892.

O mencionado religioso encontrava-se escalando uma montanha nos Alpes com um grupo de estudantes quando começou a se sentir mal. Contudo, não se queixava, enquanto acenava para os outros, e se sentou para fumar um cigarro. No momento em que riscou um fósforo, porém, notou que não conseguia mexer as mãos. Na verdade, não conseguia mover nenhuma parte do corpo. Estava morrendo congelado. Seu primeiro instinto foi rezar, mas logo se entregou ao inevitável e decidiu observar o processo da própria morte.

Quando um frio dormente atingiu sua cabeça, sentiu que se desprendia do corpo. De sua nova perspectiva, conseguia olhar para baixo, para a figura congelada, com o fósforo ainda seguro entre os dedos. Em seguida, percebeu que estava conectado ao corpo por algo que descreveu como um fio elástico, que lhe permitia subir como um balão. E subiu, muito feliz por ter se livrado do frio e da dor. De onde se encontrava, localizou os outros alpinistas e reparou que o guia estava indo pela trilha da direita, ao contrário das instruções explícitas que lhe dera. Também o observou comendo uma coxa de frango e bebendo das provisões que emprestara. "Pode continuar, amigão", ouviu-se dizendo. "Coma o frango inteiro se quiser, pois espero que meu pobre cadáver não coma nem beba nunca mais."

Ao deixar a montanha para trás, o reverendo foi levado para mais longe até pairar acima de Lungren, uma cidade próxima. Lá, viu sua esposa descendo de um veículo com quatro outros viajantes e entrando em um hotel em busca de refrigerantes. Naquele momento, seu único sentimento, além da sensação de liberdade, era um pequeno descontentamento por não poder partir o cordão e libertar-se para sempre. No instante seguinte, contudo, ele foi sacudido de volta a seu corpo; o guia fazia-lhe massagens vigorosas, tentando recuperar-lhe a circulação. Comparada à sua volta à vida, a morte era fácil e indolor: "Tinha uma esperança – a de que o balão fosse grande demais para a boca. De repente eu soltei um rugido terrível, como uma fera selvagem; o cadáver engoliu o balão, e Bertrand era Bertrand outra vez".

Se o guia esperava alguma recompensa por seus esforços, deve ter ficado decepcionado. Bertrand deu-lhe uma bronca por ter escolhido a rota mais arriscada e por ter se servido da comida e da bebida que eram dele. De volta a Lucerne, o reverendo encontrou-se com a esposa, que ficou surpresa quando ele lhe perguntou o motivo da parada não prevista em Lungren com seus quatro companheiros de viagem.

Fora do corpo

Vários indivíduos tentaram descrever a sensação de estar no corpo etéreo. Alguns o comparam a uma nuvem de cores, outros a um campo de força. Um homem aproveitou a oportunidade para olhar as mãos de perto e descreveu-as como se formadas por uma luz conectada a uma rede de estruturas assemelhadas a veias e tubos. Essa descrição se parece com as linhas meridianas ligadas aos centros de energia sutil citados pela filosofia hindu. Até as ranhuras de suas impressões digitais eram visíveis, salientadas pela radiação interna.

Larsen – a moça no espelho

Uma descrição mais pormenorizada da aparência do corpo astral foi dada por Caroline Larsen, dona de casa de meia-idade residente em Vermont. Durante sua EFC, ocorrida em uma tarde de outono de 1910, ela teve curiosidade de olhar em um espelho.

O episódio foi antecedido por uma ansiedade inexplicável, como se sentisse que algo estranho estava prestes a acontecer. Assim, ela se deitou na cama e tentou relaxar. Apesar de seus esforços, porém, Caroline sucumbiu ao que mais tarde descreveu como uma opressão avassaladora. Seguiu-se, então, uma paralisia que a deixou dormente da cabeça aos pés. No instante seguinte ela se encontrava erguida, ao pé da cama, olhando com uma curiosidade despreocupada para o corpo deitado. Notou que tudo no quarto parecia como sempre tivera sido. As cores do carpete, do papel de parede e os enfeites, tudo estava como deveria estar.

No entanto, ao entrar no banheiro, procurou, por instinto, pelo interruptor e ficou surpresa: não conseguia tocá-lo. Parou de tentar assim que reparou que o local estava iluminado por sua luz interior, o bastante para que ela se enxergasse em um espelho de corpo inteiro. O que viu ali a acompanhou pelo resto da vida.

Em vez de uma mulher de meia-idade, havia uma garota de uns 18 anos, parecida com ela mesma quando jovem, porém mais bonita e com a pele clara como a cor do alabastro. O rosto e os membros eram transparentes, com uma substância mais escura correndo até o núcleo dos braços, das mãos e dos dedos. Era comparável aos ossos vistos em chapas de raios X.

Seus olhos eram aguçados e penetrantes, e o cabelo, que ficara cinza havia pouco tempo, escorria em ondas suaves e castanhas, como na juventude. Ficou feliz ao notar que vestia um traje de uma só peça, sem costuras, irradiando um brilho suave que se expandia por todos os lados.

A imagem descrita pode parecer fantasia de alguém que está envelhecendo. Existem, entretanto, inúmeros relatos de visões em que uma pessoa falecida aparece de um modo idealizado, livre das doenças ou incapacidades sofridas quando vivia. O *Livro Tibetano dos Mortos* revela que a forma pela qual o falecido em geral aparece é uma projeção de sua auto-imagem. As pessoas estão tão acostumadas a ter um corpo físico que não conseguem se imaginar sem um.

Gerhardie – sem seu eu habitual

"Não bebi nem usei drogas", declarou o autor e dramaturgo inglês William Gerhardie em sua obra semi-autobiográfica *Ressurreição*, publicada em 1934. "Só levei para a cama uma exaustão nervosa considerável, e precisava dormir para me recobrar." A afirmação de Gerhardie foi feita prevendo que seu livro fosse ridicularizado por conta do que lhe havia ocorrido, e que hoje é conhecido como EFC. O escritor, no entanto, não tinha com que se preocupar. Nos anos que se seguiram à Segunda Guerra Mundial, o interesse por fenômenos psíquicos estava no auge. Em toda a Europa, famílias em luto agarravam-se às mais vagas promessas de poder rever algum falecido: filhos, irmãos, pais, tios, sobrinhos e até vizinhos e amigos. As pessoas queriam crer na possibilidade de vida após a morte.

Ainda assim, Gerhardie temia que suas afirmações pudessem manchar sua reputação de escritor sério. Então, durante a experiência, ele fez um esforço consciente para reparar em quaisquer pormenores significativos, os quais poderia verificar quando retornasse ao corpo. Por esse motivo sua narrativa se mantém como uma das descrições do estado astral mais convincentes e pungentes já registradas.

Embora não tivesse conhecimento de tais fenômenos antes de sua experiência, Gerhardie sentiu-se surpreendentemente calmo ao perceber, certa noite, que estava suspenso no ar, olhando para baixo, para o próprio corpo deitado na cama. "Isso sim, vale a pena contar" disse a si mesmo, "e *não é* sonho". Homem de natureza investigativa, aproveitou a situação para examinar a condição e seu ambiente. Após ter permanecido suspenso por alguns minutos, desceu vagarosamente e pousou em pé. Nesse instante, conscientizou-se de que se encontrava ligado ao corpo físico por um fio de luz, o qual comparou a um facho penetrante de um projetor de cinema. A extremidade mais distante desse facho se encontrava conectada à sua testa e brilhava o bastante para iluminar seu "eu" que dormia e respirava tranqüilamente. Ver a si próprio daquela forma era fascinante, bem diferente de se olhar no espelho. As feições calmas e a respiração uniforme confirmaram que Gerhardie não estava morto, nem em seu "eu habitual". Ele levou um tempo para acostumar-se com aquele corpo novo, embora fosse leve como uma bolha. Não era necessário mover-se para conduzir-se pelo apartamento; bastava desejar ver outro cômodo e atravessar a porta como um fantasma, o que, para todos os efeitos, ele era naquele instante: uma aparição viva. "[...] era como se minha forma estivesse caminhando por um espaço turvo e pesado que, no entanto, abria caminho facilmente diante de meu vazio."

O tempo todo ele experimentou uma grande alegria, somada a um certo medo de que o fio pudesse se romper. Foi essa preocupação que o levou a pairar sobre seu corpo, mas a possibilidade de perder a liberdade recém-descoberta era tão grande que Gerhardie superou esse incômodo e se dispôs a continuar aquele passeio astral. Descobriu que, sempre que viajava mais depressa, sua consciência "apagava", só retornando quando ele se deslocava a uma velocidade mais lenta.

Outra característica que lhe chamava a atenção no corpo astral era a emissão de um brilho quente e suave, cintilante o suficiente para permitir uma exploração do apartamento, então escuro, e perceber detalhes para um exame posterior. Gerhardie estava empenhado em provar a si mesmo que aquela experiência extraordinária não era um sonho. Tendo isso em mente, deixou-se levar de um aposento ao outro, observando quais janelas estavam abertas e se as cortinas se encontravam puxadas; notou também a posição de alguns enfeites. Ansioso por se aventurar mais, passou pela porta da frente, que estava aberta, e se descobriu do lado de fora. Naquele momento, seu receio retornou, e ele voltou os olhos para trás, para se certificar de que o cordão de prata ainda estava lá. Estava, mas tinha esticado tanto que ficara fino, e Gerhardie temeu ser puxado bruscamente de volta. Conforme comentou depois, cada detalhe ainda estava claro em sua mente. "[...] na verdade havia outra qualidade naquilo tudo, uma realidade, que não a deixava ser uma simples lembrança de um sonho."

De volta ao corpo físico, ele se ergueu e caminhou pelo apartamento, confirmando o que observara ao viajar com seu corpo astral: "a evidência comprovou-se correta em todos os casos", constatou.

Essa experiência modificou completamente as antigas crenças de Gerhardie sobre a vida após a morte.

Geddes – o fluxo psíquico

Uma das descrições mais confiáveis da experiência astral foi demonstrada aos membros da Sociedade Real de Medicina por Auckland Geddes, professor de anatomia, em 1937. Embora Geddes tenha atribuído a experiência a um colega anônimo, supõe-se que estivesse relatando uma experiência pessoal e que temia por sua reputação caso admitisse tantas coisas.

De acordo com Geddes, enquanto o homem se encontrava preso a uma cama, em estado febril, teve a nítida impressão de que a mente estava se separando em seus componentes: o intelecto e a consciência física, presa firmemente ao corpo. Ele experimentou uma modificação em sua perspectiva até que estava do outro lado do quarto, observando seu corpo doente com desprendido interesse. Nesse estado não-corpóreo, tornou-se consciente de que a realidade era apenas o instante atual, o "aqui" e "agora".

Ele percebeu que o cérebro humano era o receptáculo físico de um "fluxo psíquico" que preenche a quinta dimensão. Atrelados ao mundo material, estamos sintonizados à freqüência mais baixa de vibração. Quando, porém, nossa consciência é elevada pela contemplação, ou pelo êxtase de uma experiência extrema, podemos nos conscientizar dessas outras realidades como se sintonizássemos um comprimento de onda mais alto.

Essa visão psíquica recém-descoberta permitiu ao suposto colega de Geddes observar as auras multicoloridas de energia que cercam os seres vivos, e ele ainda conseguia enxergá-los e ouvi-los, embora estes não percebessem sua presença, uma experiência que comparou a estar debaixo da água em um aquário gigante.

Sua pesquisa sobre a quinta dimensão encerrou-se de maneira abrupta quando um amigo entrou em seu quarto e, ao encontrá-lo em um estado de coma, chamou imediatamente um médico. No mesmo instante, o "colega" anônimo viu quando o doutor recebeu o telefonema de emergência e presenciou os esforços para ser ressuscitado.

À medida que foi puxado de volta ao corpo, sentiu uma "perturbação intensa", causada pela possibilidade de ficar preso outra vez ao barro frio de sua concha física.

– Estava muito interessado e começando a entender onde me encontrava e o que via – recorda.

Acharya – nosso gêmeo espiritual

> É uma pena que tão poucos se lembrem do que fazem à noite. Se lembrassem, ficariam bem menos perturbados com o estado a que chamam de morte... e os boatos perversos que circulam sobre paraíso e inferno eterno não produziriam mais efeito neles do que o medo dos ogros de contos de fadas [produz] no leitor adulto.

Essas palavras foram ditas em julho de 1941 por Acharya, um guru indiano, em resposta ao desespero de Peter Richelieu, um sul-africano que sofria pela perda do irmão, recentemente morto em combate. Em sua autobiografia, *A Viagem de uma Alma* (Editora Pensamento), Richelieu afirma que Acharya surgiu como se fosse uma resposta às suas preces para revelar os mistérios da vida e da morte. Assim explicou Acharya:

> O ego veste cada um desses corpos como uma camada de roupas e, na morte, cada um deles é abandonado à medida que deixamos para trás os mundos mais densos da matéria – supondo que podemos nos desconectar do mundo físico. Se nossos vínculos emocionais ou desejos são fortes demais, ou se não conseguimos aceitar a morte, podemos nos prolongar no plano astral, aparecendo para os vivos como fantasmas. Os corpos mental e astral são feitos de matéria finita, a qual, quando apartada de nós, assume a impressão do corpo físico. Por esse motivo, os fantasmas são reconhecíveis quando avistados pelos vivos.

Acharya continuou descrevendo outra camada do corpo físico – seu "gêmeo" espiritual –, o duplo "etéreo" que circunda nosso sistema nervoso e age como um condutor de correntes nervosas. Embora ele não faça nenhuma menção a isso, trata-se de uma rede de nervos no duplo etéreo, no qual os terapeutas espirituais e acupunturistas exercem a cura. Acharya acrescenta:

> A alma jovem, ou ego não-evoluído, com certeza sai do corpo durante o sono – não pode evitar –, mas sua inteligência (da mente ou do corpo) não é desenvolvida o bastante... Então ele

em geral fica perambulando perto do corpo em repouso, esperando o chamado para retornar.

Em uma visita seguinte a Richelieu, Acharya descreveu o que acontece no momento da morte. O duplo etéreo sabe que a morte do corpo físico também é a sua própria morte, e assim ele adere ao corpo astral, sustentando-se na força vital. Pelo esforço ou pela vontade, a pessoa que morre deve se desprender dessa última ligação com o mundo material, caso contrário ficará suspensa entre os dois mundos. "Homens que morrem temendo a morte em geral se recusam a fazer o esforço ou a ter a determinação necessária [...] na esperança de continuar sua existência física, pois a vida física é a única que conhecem."

As angústias de Richelieu se dissiparam conforme Acharya explicava como nossos pensamentos e ações na vida determinam nossas experiências após a morte.

> Não há recompensas nem castigos, mas existe resultado, existe causa e efeito, e a lei atua nos mundos superiores da mesma forma como aqui embaixo, no plano físico. Da forma como vivemos agora e como somos agora, devemos também estar do outro lado da morte. E nossa vida lá será condicionada pelos pensamentos que nos circundaram aqui embaixo. Como o mundo

astral é formado de ilusões [...] tudo [...] é produzido pelo pensamento.

Jung – uma visão de liberação ou uma nova realidade

Qualquer um que considere tais experiências irracionais deve levar em conta o fato de que nossa moderna psicologia analítica evoluiu a partir das experiências pessoais de seu fundador, Carl Jung, que passou por um estágio profundo fora do corpo após um ataque cardíaco, em 1944. Os elementos que aparecem em sua experiência revelam nossa real natureza e a natureza subjetiva da realidade. Por esse motivo reproduzimos em seguida alguns fragmentos de sua autobiografia *Memórias, Sonhos, Reflexões* (Nova Fronteira). A figura do hindu descrita na narrativa é considerada por Jung a personificação de seu "eu superior".

Parecia-me que eu estava muito alto, no espaço. Bem abaixo, avistei o globo terrestre, banhado por uma gloriosa luz azul. Vi o oceano de um azul profundo e os continentes. Muito abaixo de meus pés, o Ceilão* e, à minha frente, o subcontinente indiano. [...] Também consegui distinguir a

* O atual Sri Lanka. (N. T.)

cordilheira do Himalaia, coberta de neve, mas naquela direção se encontrava nublada ou enevoada. Não olhei totalmente para a direita. Sabia que me encontrava no ponto de sair da Terra. [...]

Em seguida, julguei que havia me voltado para o sul. Algo novo entrava em meu campo de visão. [...] Uma entrada levava a uma pequena antecâmara. À direita nessa entrada, um hindu negro sentava-se em silêncio, em posição de lótus, sobre um banco de pedra. Vestia um hábito branco, e eu sabia que ele me aguardava. Com dois passos cheguei a essa antecâmara. Ali dentro, à esquerda, havia um portão para o templo. Quando ia me aproximando dos degraus que davam para a entrada da rocha, uma coisa esquisita aconteceu: tive a sensação de que tudo estava sendo descartado; tudo o que eu apontasse, desejasse ou pensasse, toda a fantasmagórica existência terrena, ia diminuindo aos poucos ou era arrancado de mim – um processo extremamente doloroso. [...]

Essa experiência me proporcionou um sentimento de enorme penúria, mas, ao mesmo tempo, de grande totalidade. Não existia mais nada que eu quisesse ou desejasse. Eu existia em um formato objetivo; era o que tinha sido e vivido. A princípio, predominou o sentimento de destruição; de repente, contudo, aquilo deixou de ter importância.

[...]

Outra coisa chamou-me a atenção: conforme eu me aproximava do templo, tinha a certeza de que estava prestes a entrar em um quarto iluminado, onde encontraria todas as pessoas que faziam parte da minha realidade. Ali, enfim, eu entenderia – e aquilo também era uma certeza – em que vínculo histórico eu ou minha vida se encaixava. Saberia o que havia sido antes de mim, porque vim a existir e para onde minha vida seguiria. [...]

Enquanto pensava sobre esses assuntos, algo chamou minha atenção. Vindo de baixo, na direção da Europa, uma imagem flutuava. Era meu médico, emoldurado por uma corrente dourada ou uma coroa de louros feita de ouro. Na mesma hora, eu soube: "Ah, esse sem dúvida é meu médico, aquele que esteve me tratando. Entretanto, agora ele vinha em sua forma primordial". [...]

Supostamente, eu também me encontrava em minha forma primordial, embora não tivesse prestado atenção naquilo; apenas admiti como certo. Conforme ele se posicionava perante mim, aconteceu entre nós uma troca de pensamentos silenciosa. A Terra autorizou ao doutor que me entregasse uma mensagem, dizendo que havia um protesto contra o fato de eu estar indo embora. No momento em que escutei aquilo, a visão cessou. [...] Pensei, decepcionado: "Agora, preciso voltar para o 'sistema de caixas' novamente". Porque, a meu ver, era como se, por trás do horizonte do cosmo, um mundo em três dimensões tivesse sido criado artificialmente, no qual cada pessoa se sentava em uma caixinha. E agora eu precisava convencer a mim mesmo, outra vez, de que aquilo era importante! A vida e o mundo inteiro me atingiam como uma prisão, e me aborrecia demais que eu devesse, novamente, encontrar tudo aquilo em perfeita ordem. Ficara tão satisfeito por repelir aquilo tudo, e agora acontecia que eu – com as outras pessoas – teria de ficar outra vez preso a uma caixa por um fio.

Senti uma resistência violenta contra meu médico porque ele me trouxera de volta à vida. Ao mesmo tempo, eu me preocupava com ele. "Sua vida está em perigo, pelo amor de Deus! Ele apareceu a mim em sua forma primordial! Quando alguém chega a essa forma, quer dizer que está prestes a morrer, pois já pertence a uma 'companhia maior'." De repente, fui acometido de um pensamento terrível: que o médico iria morrer em meu lugar. Tentei falar com ele sobre isso da melhor maneira que pude, mas não me fiz entender. Então, fiquei irritado com ele.

Na verdade, fui seu último paciente. No dia 4 de abril de 1944 – ainda recordo a data exata em que me permitiram sentar à beira da cama pela primeira vez desde o começo de minha enfermidade – [...] o doutor ficou preso a seu leito e não mais o deixou. Soube que ele estava tendo ataques periódicos de febre. Pouco depois, morreu de septicemia. Era um bom médico; havia algo de gênio nele.

Uma reunião de fantasmas

Embora a maioria das viagens astrais envolva um passeio pelas vizinhanças conhecidas sob uma perspectiva nova, talvez seja inevitável que, mais cedo ou mais tarde, o viajante constante encontre outras almas desencarnadas, algumas delas moradoras permanentes desse nebuloso mundo dos mortos.

Robert Monroe, autoridade de destaque no fenômeno EFC e fundador do Instituto de Pesquisas sobre a Mente, na Virgínia (Estados Unidos), escreveu sobre um incidente que não o perturbou na época, mas que, posteriormente, o levou a refletir. Havia acabado de pegar no sono em uma casa alugada e sentiu que flutuava fora do corpo. Era uma sensação familiar e agradável, e ele estava antevendo a liberdade de explorar os arredores quando percebeu uma forma branca pairando na entrada. Assim que prestou atenção, conseguiu distinguir a forma: era uma mulher de meia-idade, altura média, cabelos escuros bem penteados e olhar profundo.

Quando trocaram olhares rápidos, ele percebeu que podia ver as janelas e cortinas através dela. A mulher sorriu discretamente e deixou o quarto.

Poucos dias depois, Monroe conheceu o vizinho novo, um psiquiatra chamado doutor Kahn, que lhe contou sobre a antiga proprietária da casa em que morava. Chamava-se senhora W., e era falecida. Monroe contou ao doutor Kahn sobre a aparição, e o psiquiatra propôs mostrar-lhe uma fotografia. Havia de cinqüenta a sessenta pessoas na foto, e, para surpresa do doutor Kahn, Monroe reconheceu a senhora W. sem hesitar.

5 Rumo à luz – aparições de vivos

Embora tanto as EFCs quanto as EQMs sejam conseqüência de algum tipo de crise mental ou emocional, e quase sempre aconteçam quando nosso corpo se encontra inativo, existem casos raros em que o espírito se separa durante a vida normal, no estado de vigília.

Célia Green, uma pesquisadora de Oxford, registrou um desses casos durante um estudo para o Instituto de Pesquisa Psicofísica em 1968. A pessoa em questão era uma garçonete que estivera trabalhando em um turno de doze horas. Tinha perdido o último ônibus e, por isso, decidiu caminhar 15 minutos até sua casa, apesar do cansaço. À medida que andava, sentia-se como um robô em ponto morto, sem nenhuma sensação de esforço físico. A impressão seguinte foi a de perceber que ouvia o som oco de seus saltos na calçada e que olhava para baixo, para si mesma, do outro lado da rua. A moça não tinha conhecimento prévio de EFCs, mas sabia, por intuição, que a parte dela que estava fora de seu corpo era a "porção mais importante". Diante de tal percepção, pensou: "Ah, então é assim que os outros me vêem".

Outro dos entrevistados de Green descreveu essa nova sensação de totalidade como o "eu verdadeiro". Mais uma vez, trata-se de uma característica que diferencia a EFC de um sonho.

O doutor Robert Crookall, famoso pesquisador inglês do fenômeno da EFC, registrou o caso de uma mãe que sentiu que sua filha recém-casada tinha ficado doente durante uma viagem pelo mar e, por causa dessa preocupação, projetou inconscientemente seu corpo através do oceano, a fim de dar à filha algumas orientações maternas. Mais tarde, a moça, um pouco chocada, escreveu à mãe, descrevendo o instante em que havia recebido a visita de uma aparição, e detalhou a conversa que tiveram; tudo confirmava a história da mãe, até o exato horário do encontro.

Mais notável ainda é um incidente registrado por Sylvan Muldoon, autor de *A Projeção do Corpo Astral* (Editora Pensamento), no qual Walter MacBride, um jovem fazendeiro preocupado com a saúde de seu pai, visitou a casa do idoso em seu corpo espiritual e, ao retornar, observou o horário e outros pormenores importantes. O rapaz surpreendeu-se com o fato de que seu pai parecia consciente de sua presença, pois olhava diretamente para ele, com uma expressão de leve surpresa. Dois dias depois, no Natal, Walter visitou o pai pessoalmente e ficou surpreso ao saber que ele, também, havia prestado atenção à hora e a outros detalhes, e as informações se confirmavam sob todos os aspectos.

O escritor russo Leon Tolstoi conferiu credibilidade à crença sobre as EFCs ao descrever um encontro profético que teve com o conhecido médium Daniel Douglas Home. Tolstoi e sua esposa caminhavam pela estação ferroviária de São Petersburgo para receber seu convidado quando avistaram Home saindo do trem e caminhando sem tê-los reconhecido. Um tanto incomodados, decidiram deixar um bilhete no hotel onde o médium estava hospedado, contando que tinham se irritado com a falta de cortesia dele. Home ficou surpreso ao receber a mensagem, assim que chegou, três horas mais tarde. Não se encontrava no trem que viera antes, mas chegara depois que os Tolstoi tinham voltado para casa.

Certas pessoas parecem ter uma predisposição maior do que outras à projeção da mente dessa forma. Há o caso, por exemplo, de Emilie Sagée, uma jovem professora francesa cujo duplo corpóreo foi avistado em diversas ocasiões por seus alunos e funcionários em uma parte da escola, enquanto seu corpo físico estava em outra. Uma estudante curiosa tomou coragem e chegou a tocar no duplo de Sagée, descobrindo que sua mão atravessava a professora, cujo corpo parecia feito de um tecido muito leve e transparente. Não é de se estranhar que essa capacidade inconsciente incomodasse seus colegas, que pressionaram a direção do colégio para demiti-la. Freqüentemente ela mudava de escola, chegando a percorrer dezesseis instituições diferentes em dezesseis anos, até se aposentar prematuramente.

Visões no leito de morte

Ao final do século XIX, cientistas respeitáveis passaram a efetuar estudos sérios sobre fenômenos paranormais e, particularmente sobre a existência de vida após a morte. Preocupados em não se expor às travessuras teatrais de falsos médiuns, alguns estudiosos encontraram uma alternativa respeitável, a de registrar visões no leito de morte, o que deu origem a registros criteriosos.

Um dos primeiros estudos notáveis sobre esse assunto foi liderado por *sir* William Barrett, destacado cientista da Faculdade Real de Ciências de Dublin. Certa noite, durante um inverno rigoroso de 1924, sua esposa, que era obstetra, ocupava-se com uma mulher que acabaria morrendo após dar à luz. Os Barrett ocultaram o sobrenome da mãe; assim, só a conhecemos por seu primeiro nome,

Doris. Pouco antes de morrer, ela olhou para um canto do quarto, abrindo um sorriso radiante.

– Adorável, adorável – dizia inquieta. – Adorável claridade. Criaturas maravilhosas. – Em seguida, ela gritou, numa alegre surpresa: – Não acredito! É papai! Ah, ele está tão feliz por eu estar chegando; está tão feliz!

No entanto, quando lhe entregaram o bebê, sua euforia desapareceu, pois ela demonstrava dúvidas quanto a desistir tão depressa de sua luta pela vida. Ao voltar-se na direção de seu pai (que não podia ser visto pela senhora Barrett), a mulher reafirmou sua determinação em ir, dizendo:

– Não posso. Não posso ficar. Estou chegando. – Então, enquanto morria, ela exclamou em um tom de dúvida e descrença: – Ele trouxe Vida com ele!

Só depois os Barretts ficaram sabendo que Vida era o nome da irmã de Doris, falecida três semanas antes. Aquela notícia, porém, não tinha sido transmitida a Doris, por receio de que piorasse sua saúde frágil. Se as visões no leito de morte não passam de alucinações, como é possível que o moribundo veja os espíritos de pessoas que eles acreditam ainda estar vivas?

Nos estágios iniciais do estudo de *sir* William a respeito desse fenômeno, ele rebateu a acusação de que os moribundos estivessem tendo alucinações, salientando que todas as pessoas que estudou estavam lúcidas e capazes de raciocinar na ocasião.

Trinta anos depois, na cidade de Nova York, o trabalho de Barrett inspirou o parapsicólogo Karlis Osis a desenvolver um estudo por conta própria. Abordando as experiências de médicos e enfermeiras, Osis concluiu que as visões no leito de morte não eram influenciadas por drogas nem se deviam ao efeito das doenças. Além disso, apenas os doentes em estágio terminal relataram ter visto pessoas que sabiam estar mortas. Esses pacientes demonstravam uma coerência incomum ao descrever o que tinham visto ou estavam vendo naquele momento. Outros fatores, como *status* social, idade, grau de instrução e religião, também parecem não influenciar a natureza ou o conteúdo das visões.

Nos anos 1970, Osis trabalhou em colaboração com Erlendur Haraldsson, psicólogo natural da Islândia, em um estudo mais abrangente, no qual foram entrevistados 1 708 pacientes na América e na Índia. Os resultados deram provas de que as experiências dos pacientes de ambas as procedências eram, em essência, as mesmas, embora os americanos apresentassem uma tendência de ver parentes falecidos aguardando por eles, enquanto os pacientes indianos, mais religiosos, com freqüência narravam a visão de figuras espirituais.

Em 1977, Osis e Haraldsson reuniram em um trabalho seus casos mais convincentes, relatando episódios como os que veremos a seguir.

Um paramédico que trazia conforto a um homem de 78 anos prestes a morrer relatou, posteriormente, que, sempre que as visões apareciam, o peito do paciente se aquietava e um sorriso brilhante surgia-lhe no rosto. "Era tão bonito que não dava para contar a qualquer um", diria ele ao plantonista. "Era uma cena de tirar o fôlego, mais do que qualquer coisa na vida."

A transformação mostrou-se ainda mais evidente no caso, descrito por uma enfermeira, de uma senhora que teria sido muito cruel antes de ter as visões. Ela recorda:

> Certa noite ela me chamou para ver como o paraíso era brilhante e adorável. Em seguida, olhou para mim e parecia surpresa: "Ah, mas você não consegue enxergar, você não está aqui [no paraíso], você está aí longe". Ela ficou tranqüila e feliz... e permitiu que sua maldade morresse... Não acho que sejam alucinações, é tudo real.

É importante destacar que, mesmo que não consigam partilhar as visões, os profissionais e familiares que acompanham o enfermo em suas horas finais ficam surpresos pela transformação tanto do moribundo quanto da atmosfera ao redor. Como no episódio em que uma enfermeira percebeu que a mulher de meia-idade à qual prestava assistência havia se transformado graças a uma presença invisível, algo que até os profissionais mais experientes que a tratavam não puderam deixar de sentir:

> [...] a atitude dela mudara por completo. Aquilo era mais do que uma [mera] mudança em seu humor [depressivo], que eu percebera nela tantas vezes [antes]... Era como se houvesse algo [ali que estivesse] só um pouquinho além de nós... Havia algo que nos fazia sentir que [...] ela tivera algum contato com o além, algo que causara um efeito de felicidade sobre ela.

Osis e Haraldsson concluíram que tais casos pareciam "dar sustentação à hipótese de que as visões no leito de morte, em parte, baseiam-se na percepção extra-sensorial de alguma forma de realidade externa, em vez de ter uma fonte totalmente subjetiva".

Uma nova realidade

A crença em uma alma imortal está presente em quase todas as culturas, desde a pré-história, e continua sendo assim pela simples razão de que a experiência da viagem da alma é universal e vem se tornando cada vez mais comum. Uma pesquisa do Instituto Gallup (1992) revelou que mais de 11 milhões de norte-americanos afirmam ter passado por uma EFC. É provável que tal estatística venha a aumentar, pois a tecnologia e o avanço dos métodos médicos que salvam vidas têm trazido de volta do limiar da morte um número maior de pessoas. A esta realidade, soma-se o fato de que os profissionais de medicina estão agora mais cientes desses fenômenos, mesmo sem compreendê-los ou se mostrando incapazes de aceitar que se trata de uma experiência espiritual subjetiva e verdadeira.

O escritor norte-americano Ernest Hemingway era o exemplo típico do machão que se entregava a excessos, exagerando no consumo de bebida, de cigarros e tendo diversos casos amorosos. Seria a última pessoa de quem se esperaria admitir ter passado por uma experiência fora do corpo. Entretanto, quando servia como oficial da divisão hospitalar do exército na campanha norte-americana na Itália, em 1918, o jovem Hemingway foi atingido na perna por um estilhaço de bomba e sentiu sua alma ser arrancada do corpo tão rapidamente quanto "sacar um lenço de seda do bolso". Ele voou ao redor do campo de batalha durante alguns minutos antes de voltar e mais tarde relatou a experiência em sua obra do tempo da guerra, *Adeus às Armas* (Companhia Editora Nacional).

Outra pessoa sem paciência para vôos de imaginação foi Charles Lindbergh, o primeiro aviador a sobrevoar o Atlântico, em 1927. O herói típico americano precisou de cinqüenta anos para admitir que passara por uma experiência fora do corpo nas horas finais daquele vôo histórico.

> Eu existia independentemente de tempo e matéria. Sentia que me afastava de meu corpo, assim como imagino que um espírito o faria... No entanto, permaneci ligado a meu corpo por meio de um fio longo e estendido, um fio tão frágil que eu poderia ter partido com um sopro... minhas visões são facilmente explicadas pela razão, mas quanto mais vivo, mais acredito que o racionalismo é limitado.

Raymond Moody

O termo "experiência de quase-morte" é relativamente recente e foi criado por Raymond Moody, professor e doutor em filosofia. Em 1965, Moody, então um estudante de 20 anos ainda desconhecido, participava de um seminário na Universidade de Virgínia. O tema em debate era: teria ou não o homem uma alma imortal, cuja existência os grandes filósofos debateram com eloqüência durante séculos? A discussão era estimulante, contudo, puramente especulativa, até que o professor mencionou conhecer um psiquiatra local que afirmava ter passado, havia pouco, por uma experiência fora do corpo que transformara sua vida, depois de ser declarado clinicamente morto. O doutor George Ritchie foi ressuscitado com êxito após um acesso fatal de pneumonia dupla. Ao recuperar-se, descreveu, muito entusiasmado e admirado, seu encontro com seres de luz de outra dimensão. Poucos meses mais tarde, Moody escutou o doutor Ritchie contar sua história a um grupo de estudantes e ficou impressionado com a sinceridade do psiquiatra e pelo fato de um médico respeitado dispor-se a falar em público sobre o assunto.

Após quatro anos, Moody havia concluído seus estudos e estava lecionando filosofia quando ouviu um caso semelhante de um de seus alunos. Foi o que bastou para que seguisse a trilha que mudaria sua vida. Começou a juntar casos para produzir um dossiê depois de ter entrado na escola de medicina, em 1972. Em 1975, havia reunido um número suficiente de evidências dignas de crédito para publicar seu primeiro livro, *Vida Depois da Vida* (Editora Butterfly, 1979). A obra se transformou em um sucesso internacional instantâneo e, embora não tivesse sido o primeiro livro dedicado ao fenômeno, foi o primeiro a trazer o assunto a um público mais amplo e introduzir o termo "experiência de quase-morte".

Para surpresa de Moody, as descrições que compilou apresentavam uma coerência misteriosa, sugerindo que seus pacientes haviam todos partilhado a mesma experiência, apesar de apresentarem uma ampla variedade de históricos e de terem crenças diferentes. Alguns não acreditavam de forma alguma na existência de vida após a morte e, no entanto, descreviam experiências muito semelhantes às dos demais e haviam sido nitidamente afetados de forma tão profunda quanto os outros.

O doutor Moody identificou diversos elementos em comum nos relatos, o que pareceu ter sido partilhado por milhares de outros indivíduos, que fizeram afirmações similares em estudos posteriores. Nem todos passaram por esses eventos na mesma seqüência, mas em geral o processo de morte caracterizou-se por ausência de dor e uma sensação arrebatadora de serenidade, que aliviaram todos os receios no momento da separação, mesmo em casos de morte súbita ou violenta. Muitos pacientes descreveram a sensação de êxtase que sentiram ao se descobrirem flutuando, libertos de seu corpo físico, observando o esforço frenético dos médicos e das enfermeiras para revivê-los.

Muitos recordam ter tentado, em vão, avisar aos profissionais para que não se incomodassem, pois estavam felizes por terem se livrado do fardo de seus corpos doentes ou feridos. Vale notar que os "finados" podiam escutar tudo o que as equipes médicas diziam durante a crise e, posteriormente, conseguiam repetir o que ouviram. Também conseguiam descrever, com precisão, o que havia ocorrido enquanto estavam tecnicamente "mortos", e esses pormenores foram verificados em seguida pelas equipes hospitalares. Muitos souberam depois que tinham passado vários minutos fora do corpo, período em que foram atraídos para dentro de um túnel comprido e escuro que terminava em uma paisagem agradável, onde eram bem recebidos pelos amigos e parentes mortos. Havia uma sensação natural de familiaridade quanto àquele lugar e uma sensação de "volta ao lar".

Em dado momento da jornada, os "finados" encontravam-se com um ser de luz sem forma definida. Alguns, quando voltavam, acreditavam ter estado com Deus, Jesus ou um anjo, dependendo de suas crenças. A maioria, porém, compreendia tal entidade como um ser que personifica o amor, sem atribuir-lhe uma identidade definida. Uma voz saída dessa luz perguntava se o indivíduo estava pronto para morrer. O objetivo dessa indagação era trazer as pessoas de volta às suas responsabilidades ou lembrá-las de assuntos pendentes. Isso, em geral, bastava para trazê-las ao corpo, com uma determinação firme de não desperdiçar mais nenhum instante de sua existência. Para alguns, a luz perguntava o que haviam feito de sua vida, embora sem nenhum tom de julgamento. Em seguida, essas pessoas examinavam os eventos de sua vida em uma série de recordações.

Em um estudo posterior, elaborado pela pesquisadora P. M. H. Atwater, um entrevistado declarou que, ao passar por esse processo, teve oportunidade de:

> reviver totalmente cada pensamento que eu tivera, cada palavra que eu dissera e cada ato que realizara; somado ao efeito de cada pensamento, palavra e ato relacionado a cada um que tivesse entrado em meu ambiente ou minha esfera de influência, conhecesse eu tais pessoas ou não...

Outro descreveu como "a coisa mais bela que jamais vi e, ao mesmo tempo, a mais apavorante que jamais experimentei".

Um jovem assistiu a sua vida passar novamente, tendo como companhia um guia, descrito como uma figura paterna, conforme aparece no livro de Kenneth Ring (*Lições da Luz*, Editora Summus): "Ele parecia me fazer todas as perguntas certas na hora certa. Pude perceber todas as coisas necessárias para mudar a mim mesmo".

Essas descrições parecem indicar que cada uma dessas pessoas é julgada pela própria consciência, ou por um "eu superior", em vez de por um tribunal celeste. Alguns, contudo, dizem ter revivido eventos significativos de sua vida, durante os quais puderam experimentar a perspectiva e os sentimentos de pessoas com as quais agiram de forma errada na ocasião.

Reações conservadoras

É inevitável que o meio científico apresente críticas para desmentir as EQMs, tratando-as como invenções do cérebro às portas da morte ou um sintoma de doença mental. Certos médicos expressam suas restrições argumentando que milhares de pacientes são ressuscitados sem alegar terem passado por uma experiência de quase-morte. Os céticos observaram que poucas centenas de histórias de casos sem confirmação não podem ser classificados como estudo científico sério. No entanto, o assunto já provocou a produção de dezenas de livros, documentários para televisão, programas de rádio, investigações em revistas e jornais, que mencionam milhares de casos bem registrados, narrados por pessoas de todas as raças, graus de instrução e crenças religiosas. Mesmo aquelas que haviam negado enfaticamente a existência de um pós-vida partilham experiências muito similares.

Há, nesses casos, evidências arrebatadoras, respaldadas por estudiosos que se viram obrigados a ceder diante dos fatos. Entretanto, a existência da alma não pode ser verificada do ponto de vista científico, e a experiência de quase-morte é tão subjetiva que não pode ser medida ou registrada. Apesar disso, estudos científicos sérios foram reconhecidos, enriquecendo nossa compreensão sobre a natureza da consciência humana.

Com a publicação da pesquisa de Moody, as argumentações destrutivas de filósofos racionalistas do século XVIII, como o inglês David Hume, tornaram-se redundantes. Hume havia declarado que a crença numa vida após a morte era irracional e perguntava:

– Com que argumentos ou analogias podemos provar qualquer estado de uma existência que ninguém jamais viu e que, de forma nenhuma, se parece com algo já visto?

Bem, agora temos centenas de milhares de narrativas pessoais; negá-las seria irracional.

O argumento mais comum contra a validade da experiência de quase-morte é o de que o cérebro pode criar alucinações quando está privado de oxigênio. Outra hipótese é de que essas experiências possam ser fruto de um sonho lúcido acionado pela liberação de endorfinas ou efeito colateral de medicamentos administrados no hospital. Essas teorias não explicam as várias ocorrências nas quais o paciente consegue relatar, em pormenores, os procedimentos clínicos utilizados para ressuscitação. Em alguns casos, o paciente até tentou se comunicar com os parentes que aguardavam ansiosos nas proximidades.

No instante em que foi revivida, uma mulher repreendeu sua empregada por ter trazido a filha ao hospital com roupas que não combinavam, apesar de nem ter visto a garotinha, que esperava pacientemente na recepção e longe das vistas da mãe.

Mais extraordinário foi um caso citado pelo doutor Moody: uma paciente idosa encontrava-se inconsciente quando ele pediu à enfermeira que trouxesse uma medicação importante. Normalmente, a enfermeira teria quebrado a parte de cima do frasco de remédio com uma toalha de papel para evitar o risco de se cortar. Como se tratava de uma emergência, ela abriu o recipiente sem nenhuma proteção nos dedos. Mesmo se a paciente estivesse consciente, não poderia ter visto como a enfermeira havia aberto o frasco. Contudo, assim que se recuperou, ela virou-se para a enfermeira e a repreendeu por ter partido o vidro com as mãos nuas. Ela tinha presenciado a ação enquanto flutuava sobre a enfermeira no quarto. Tais casos são surpreendentemente comuns.

Talvez a prova mais persuasiva de todas seja a que foi obtida pelo professor Kenneth Ring, em seu estudo de 1996. Nesse trabalho, Ring apresenta catorze relatos de pessoas cegas de nascença que descreveram suas EQMs em termos idênticos aos relatados por pessoas que enxergam. Vicki Umipeg, uma das entrevistadas de Ring, não conseguia nem sequer entender o conceito de luz porque seus nervos ópticos haviam sido destruídos pouco depois de seu nascimento. Mesmo assim, ela foi capaz de descrever em pormenores consideráveis a cena do acidente no qual se envolvera e os esforços posteriores para revivê-la, enquanto observava de fora de seu corpo. Tudo o que disse foi confirmado.

EQMs empáticas

O próprio Moody passou por um fenômeno raro durante os últimos instantes da vida de sua mãe. Estava ao lado da cama da doente, com a esposa, o cunhado e as duas irmãs. À medida que a mãe deixava de viver, todos sentiram que o quarto estava rodopiando e que eram erguidos mais ou menos 2,5 centímetros acima do chão por uma corrente de energia coletiva. Uma das irmãs avistou o pai, que falecera dois anos antes, em pé, perto da cama, e naquele instante a sogra de Moody, uma pastora metodista, gritou: "Vocês estão sentindo isso?", à medida que a atmosfera ficava carregada. Moody, que não era de deixar esse tipo de oportunidade passar, investigou o fenômeno e descobriu que as EQMs empáticas (nas quais a testemunha partilha de forma indireta da experiência da transição ou se conscientiza de uma mudança na qualidade da energia na área próxima) são relativamente comuns entre profissionais de assistência médica, enfermeiras de casas de repouso e familiares que se encontram presentes no instante da morte.

Anos atrás, esses fenômenos eram desconhecidos, simplesmente porque os parentes eram, em geral, levados para fora do quarto quando o doente terminal se aproximava da morte. Além disso, os pacientes não recebiam tanta assistência e atenção como hoje em dia. Essas experiências também acabam com a validade do argumento de que as EQMs são alucinações bioquímicas ocorridas no cérebro da pessoa agonizante, pois as testemunhas que partilham a experiência estão alertas e conscientes do fenômeno.

A conversão

O médico Michael B. Sabom, uma das pessoas mais apreciadas por Moody, mudou de opinião quanto à questão dos fenômenos paranormais. Cardiologista em Atlanta, era um homem cético e, a princípio, fez pouco das alegações de Moody, como durante um debate em uma escola religiosa para adultos.

Em um artigo de 1979 sobre o assunto, para uma importante publicação americana da área médica, Sabom afirmou:

> Pessoas que passam por essas "experiências de morte" estão em um estado de hipoxia [falta de oxigenação], durante o qual tentam lidar psicologicamente com as ansiedades provocadas

pelas intervenções e conversas médicas... Estamos tratando, aqui, da fantasia da morte.

No entanto, após entrevistar uma de suas pacientes, o ceticismo de Sabom desapareceu. O médico notara que as descrições da mulher eram idênticas a relatos de outros casos aos quais ele tivera acesso anteriormente. Cinco anos depois, ele publicou os resultados de seu próprio estudo completo sobre o assunto e foi obrigado a admitir: "Estou convicto de que minhas suspeitas originais sobre o tema estavam erradas".

EQMs de famosos

As celebridades de Hollywood ajudaram a ampliar a consciência e a aceitação do público quanto à questão da paranormalidade durante as décadas de 1970 e 1980, liderados pelo famoso médium Uri Geller e pela atriz Shirley MacLaine, que escreveu vários livros com base em suas experiências pessoais. Apesar disso, outras personalidades conhecidas, que tiveram experiências semelhantes, tinham receio de falar sobre o assunto de forma aberta.

Em 1964, o ator cômico Peter Sellers sofreu o primeiro de uma série de ataques cardíacos e foi declarado clinicamente morto. Mais tarde, ele se lembraria do ocorrido: "Eu simplesmente flutuava fora de minha forma física e via que carregavam meu corpo até o hospital. Acompanhei isso [...] não sentia medo [...] Estava bem... meu corpo é que estava com problemas".

Mesmo percebendo o esforço da equipe para reanimá-lo, Sellers sentia-se atraído pelo cenário que contemplava:

> Vi acima de mim uma luz de incríveis beleza e brilho, de um branco adorável. Queria ir para aquela luz branca mais do que qualquer coisa. Nunca desejei nada com tanta intensidade. Sabia que havia amor, amor de verdade, do outro lado da luz, e aquilo me atraía bastante. Era gentil e adorável. Lembro-me de ter pensado: "Aquilo é Deus".

Embora ele tivesse tentado alcançá-la, a luz ficava fora de alcance. "Então vi uma mão estendendo-se através da luz. Tentei tocá-la, agarrar-me a ela, pendurar-me para que me puxasse em sua direção."

Naquele instante, ele ouviu uma voz dizer: "Ainda não é a hora. Volte e termine. Ainda não é a hora".

Sellers retornou ao corpo e seu coração voltou a bater, mas ele seria assombrado pela lembrança daquele prazer evasivo pelo resto da vida. Perdeu o medo da morte e se tornou menos impaciente e mais reflexivo. A experiência também lhe deu a idéia de que seu talento para imitações poderia ter vindo de memórias inconscientes de vidas passadas e de uma conexão com os personagens que pudesse ter sido. Ele confessou isso à amiga Shirley MacLaine:

> Sei que vivi muitas vezes antes... Aquela experiência confirmou-me isso, pois nesta vida senti como era para minha alma estar, de fato, fora do corpo. Mas, desde que voltei, não sei por que, ignoro minha missão, ou o motivo pelo qual retornei.

O ator de TV norte-americano Robert Pastorelli foi levado à UTI com ferimentos graves após ter se envolvido em um acidente de carro aos 19 anos. Ele fez o seguinte relato:

> Sentia uma dor torturante. Um segundo depois, não havia mais dor... Eu estava flutuando sobre meu corpo, olhando para baixo, vendo-me inconsciente, deitado na sala de emergência do hospital, com meus olhos fechados... Pensei: "Bom, isso deve ser a morte". Cheguei a ver um padre me dando a extrema-unção. Aquilo, entretanto, era o sentimento mais tranqüilo do mundo. Então, vi meu pai abalado pela tristeza... Ao olhar para baixo e presenciar o sofrimento dele, aquilo teve um efei-

to em mim. Acredito piamente que, naquele instante, decidi viver, não morrer. Minha lembrança seguinte foi de acordar, já de volta a meu corpo.

Em entrevista a um programa de TV, a atriz britânica Elizabeth Taylor revelou ter atravessado um túnel em direção a uma luz radiante durante uma cirurgia. Ela descreveu que se uniu novamente a seu terceiro marido, Michael Todd, a quem considerava o grande amor de sua vida, morto em um acidente de avião em 1958. Embora quisesse ficar com ele naquele estado prazeroso, Todd disse-lhe que precisava retornar, e ela foi precipitada de volta a seu corpo.

Acho difícil falar sobre isso, porque soa um tanto piegas; fui dada como morta, minha certidão de óbito pregada na parede. Partilhei aquilo com as pessoas que estavam perto de mim naquele aposento. Em seguida, depois daquilo, contei a outro grupo de amigos, e pensei: "Caramba, isso parece mesmo maluquice. Melhor não mencionar mais nada sobre esse assunto".

Durante muito tempo não falei sobre o ocorrido, e ainda sinto dificuldade de comentar a respeito. Mas dividi a experiência com pessoas com aids, pois se esse momento acontecer e você estiver de fato compartilhando, é real. Não tenho medo da morte, pois já estive lá.

O astro de cinema Donald Sutherland trouxe a público a lembrança de sua experiência de quase-morte ocorrida em 1979. Tinha chegado a um momento de crise em sua batalha contra a meningite quando:

> [...] a dor, a febre e um sofrimento agudo pareceram evaporar. Eu flutuava acima de meu corpo, cercado por uma luz azul suave. Comecei a deslizar por um túnel comprido, para longe da cama... Mas, de repente, me vi de volta a meu corpo. Os médicos disseram-me mais tarde que eu tinha, de fato, morrido por alguns instantes.

Larry Hagman, do seriado *Dallas*, teve uma EQM em 1995 e percebeu que a morte é

> apenas outro estágio de nosso desenvolvimento, e que continuamos em níveis diferentes de existência... Aquilo não era o fim. Havia mais níveis, um número infinito deles, níveis de existência, cada um se somando ao sussurro da orquestra cósmica, como se sempre entrássemos em uma espiral para o alto até atingirmos o estágio de prazer atômico...

Outras celebridades que passaram por EQMs: os atores norte-americanos Chevy Chase, Sharon Stone, Burt Reynolds, William Petersen e o cantor norte-americano Tony Bennett.

Além da imaginação

Nem todas as EQMs envolvem uma visita sem hora marcada ao paraíso. O psicólogo norte-americano Kenneth Ring registra um episódio curioso em um de seus estudos científicos. Quem o vivenciou foi um homem, que quis se manter anônimo, nascido na Inglaterra e que se mudou posteriormente para os Estados Unidos. Aos 10 anos de idade, ainda residindo na Inglaterra, passou por uma experiência de quase-morte e, através dos olhos de seu "eu futuro" e adulto, observou seus filhos brincando na sala de sua casa nos Estados Unidos. Naquela época, a pessoa nem ao menos havia visitado o país, nem tinha motivos para acreditar que moraria lá no futuro.

A EQM aconteceu em 1941, durante uma operação para extrair um apêndice infeccionado. Ao se recuperar, o paciente estava confuso com as "lembranças" bastante específicas de seu futuro, as quais não sabia justificar. "Sabia" que iria se casar aos 28 anos, que teria dois filhos e habitaria a casa que "avistara" em suas visões. Talvez o aspecto mais enigmático fosse o fato de saber como era estar casado, apesar de, aos 10 anos, ter admitido que nem conseguia imaginar tal situação. Foi essa sensação inexplicável de ser um adulto maduro que o incomodou durante os anos que se seguiram.

Em sua visão, ele conseguia olhar para a frente e para a direita, mas não tinha condições de ver o lado esquerdo, onde sabia que sua esposa se encontrava sentada, o que sugere que ele não tinha permissão para tal, pois isso poderia afetar suas decisões e seus atos futuros.

Experiências assim levantam a questão sobre a real natureza da consciência e a possibilidade de termos a capacidade latente de projetá-la para além dos limites do cérebro, alcançando outros locais e, quem sabe, até outras dimensões.

Diante dos casos estudados, Ring atribuiu esses fenômenos à existência de um "eu superior" capaz de sobreviver à morte.

> Se alguém pode aceitar a idéia de um eu superior, não é difícil admitir que esse eu – assim como a própria individualidade – é, de fato, um aspecto de Deus, ou o Criador, ou qualquer termo que a pessoa queira usar.

E embora tivesse mais fé em estatísticas do que em provas não documentadas, ficou convencido de que continuamos a ter uma existência consciente após nossa morte física, e que essa experiência central representa seu começo, um vislumbre do que está por vir.

> [...] é possível ficarmos conscientes de "outras realidades" e de que a aproximação da morte representa uma via para uma realidade mais elevada, a qual se encontra plenamente acessível a nós depois daquilo que denominamos morte... Sem dúvida, os milhares de indivíduos que passaram por uma EQM e foram entrevistados falam por milhões de irmãos silenciosos.

Prova científica

Por mais convincentes que sejam as evidências, elas não constituem provas conclusivas da existência do corpo etéreo. Contudo, diversos experimentos científicos sérios produziram resultados difíceis de contestar.

A invenção do aparelho de encefalograma (EEG), que grava a atividade elétrica do cérebro, foi um passo importante para a pesquisa paranormal. Na primeira vez em que a invenção foi utilizada para medir as ondas cerebrais emitidas durante uma situação de EFC, ela produziu resultados que o doutor William Dement, autoridade no assunto, declarou-se incapaz de identificar. A pessoa, identificada como senhorita Z, apresentou-se como voluntária para se conectar a uma máquina de EEG, na Universidade da Califórnia, sob a supervisão do doutor Charles Tart, psicólogo. Tart construiu uma estante próxima ao teto, longe do campo de visão da moça, na qual colocou um relógio e um número de cinco dígitos escolhidos aleatoriamente. Na quarta noite de experimentos, a senhorita Z produziu padrões de ondas cerebrais não-característicos. Quando ela acordou, deu ao doutor Tart o número de cinco algarismos que viu quando estava fora do corpo, fato que coincidia com o horário da atividade cerebral incomum. A chance de a moça ter adivinhado o número de cinco dígitos estava para além das leis da probabilidade. Só poderia existir uma explicação para o êxito.

Em meados dos anos 1970, o doutor Karlis Osis, diretor de pesquisa da Sociedade Americana para Pesquisa Psíquica, criou um dispositivo para medir a interferência em um campo elétrico. Em seguida, convidou Pat Price, conhecido médium e ex-comissário de polícia da Califórnia, para, em seu corpo astral, entrar na caixa onde o campo elétrico estava sendo gerado, a fim de determinar a possibilidade de detectar a presença de uma pessoa em sua forma não-corpórea. Price atendeu prontamente e o registrador de dados "enlouqueceu". Em uma variação desse experimento, Price e outro médium, Alex Tanous, foram desafiados a mover uma pena suspensa por um fio em uma área delimitada e impermeável. Novamente, Price e seu colega comprovaram sua presença invisível no recinto, agitando a pena, cujos movimentos foram registrados em um papel milimetrado.

Tanous foi igualmente prestativo quando solicitado a projetar-se em um recinto todo pintado de preto, de modo que o brilho sutil de seu corpo astral pudesse ser medido. Vários sensores de luz bastante precisos, conhecidos como fotomultiplicadores, registraram uma série de estouros de luz no exato instante em que Tanous declarou que estaria na sala vedada.

O teste foi repetido mais tarde com animais sabidamente conhecidos por sua alta sensibilidade ao perigo: um gato e uma serpente. Ambos foram mantidos em gaiolas separadas e observados. Mesmo presos, os animais apresentavam um comportamento normal para seus padrões. Sob a supervisão do doutor Robert Morris, psicólogo da Fundação de Pesquisa Psíquica em Durham, na Carolina do Norte, o médium Stuart Harary projetou seu corpo astral em cada uma das gaiolas, enquanto o doutor Morris registrava as reações dos animais. Ambos reagiram com violência. O pesquisador Scott Rogo percebeu que a serpente interrompia sua rotina de se locomover pela gaiola e ficava em posição de atacar a presença invisível. Durante 20 segundos, ela golpeou o ar, exatamente no mesmo instante em que Harary disse estar na gaiola.

Além desses e de outros estudos convincentes, os neurocientistas descobriram, recentemente, que a consciência abandona uma pessoa moribunda por meio da cavidade cerebral que se caracteriza por ser a primeira estrutura interna a formar-se no embrião humano. Isso sugere que a morte é um regresso natural e lógico do processo de nascimento e que a consciência volta por onde veio. Sem dúvida, vale lembrar que, no instante em que a consciência abandona o cérebro, o corpo perde de 7 a 21 gramas de seu peso, embora não haja perda de matéria física que justifique essa discrepância.

6 Vestígios do paraíso

Shakespeare pode ter sido o maior dramaturgo e poeta da Inglaterra, mas errou ao descrever o paraíso como a terra desconhecida de onde nenhum viajante retorna. Milhares, talvez centenas de milhares de pessoas retornaram, trazendo de volta descrições de um paraíso bucólico. A semelhança entre os relatos é tão notável que deve existir um fundamento na realidade, mesmo que não seja a realidade como a compreendemos.

Uma das descrições mais minuciosas da dimensão celestial foi revelada ao pesquisador David Wheeler por um homem que teve um ataque cardíaco fatal pouco depois de dar entrada no pronto-socorro. O médico que ressuscitou o paciente admitiu, mais tarde, que normalmente não teria tentado a recuperação, mas como conhecia a filha daquele homem, sentiu-se na obrigação de fazer tudo o que podia.

– Ele estava tão morto quanto qualquer um que eu já tivesse visto – recorda-se o médico. – Não vislumbrei nenhuma esperança real, mas decidi prosseguir.

O paciente, conhecido como Kenneth G., sobreviveu à sua visita ao "outro lado" sem efeitos de doença física ou dano cerebral, embora a experiência médica afirme ser impossível uma recuperação completa caso tenha sido declarada a morte cerebral do paciente, como parece ter sido o caso dele. Ainda mais extraordinária foi sua experiência de vida no além-mundo.

Ele descreveu uma paisagem rica, de colinas verdejantes e vales cuja beleza encontrava-se além da comparação com qualquer coisa na Terra. Tinha a sensação de deslizar suavemente para baixo e pousar em um prado de grama alta, que lhe chegava à cintura e parecia não ter fim. Ao longe, florestas densas, animais e uma profusão de flores exóticas, que não podiam ser comparadas a nada do que vira antes.

Por algum tempo ele parou e vislumbrou a majestade dos arredores, escutando a grama murmurar no embalo da brisa. Em seguida, ouviu uma voz fraca que reconheceu como a de seu pai, que morrera dez anos antes.

> *O que ele está fazendo aqui?, pensei comigo. Não sei onde estou, e meu finado pai está me chamando.*
>
> Aceitei as coisas como eram – o que mais podia fazer? A voz se mantinha fraca, dizendo: "Kenneth, não tenha medo. Não se preocupe, vim para ajudá-lo em sua jornada. Não tenha medo disso. Já ajudei outros".

No momento seguinte, ele percebeu o som de risadas e avistou crianças brincando a distância, no que parecia um parque de diversões. Seu desejo de ver as crianças levou-o a elas no instante em que esse pensamento surgiu.

> Todos os meus velhos amigos, com quem eu brincava, estavam lá, como eram sessenta anos antes [...] nenhum deles percebeu minha presença; continuaram a brincar no parquinho, como fazíamos havia meio século [...] eu era um garotinho outra vez, revivendo a [minha] juventude [...] Deus, era lindo!
>
> A morte pareceu ter misturado o pós-morte às mais queridas lembranças que carreguei pela vida. Sabia que tinha ido ao céu com minhas memórias de infância mais queridas... Como se enganaram ao me trazer de volta de um lugar tão maravilhoso.

Quem viajou pela fronteira entre os mundos, no perímetro da "terra desconhecida" de Shakespeare, descreve-a em termos de uma semelhança extraordinária.

Patrick Gallagher, um antropólogo cultural, teve uma experiência parecida em 1976, em coma, após um grave acidente automobilístico. Nesse período, ele atravessou não uma, mas várias EQMs. Livre do corpo, sentiu-se transformado e ergueu-se pelos ares, onde se viu na entrada de um túnel.

> Vi uma luz circular ao longe [...] de cor amarelo-alaranjada, dotada de plena beleza [...] ao sair do túnel, entrei em uma área tão linda que ofuscava. Era um espaço completo, ou seja [...] iluminado total e perfeitamente [...] vi [ali] inúmeras pessoas, algumas vestidas, outras não.

Gallagher descreveu aquilo como a soma de tudo o que ele sempre quis saber ou ser, mas tinha consciência de que precisava voltar e de que, assim procedendo, "perderia tudo, menos um pedacinho" de seu conhecimento luminoso.

Um jardim nas estrelas

No outono de 1968, em uma pequena cidade da Índia, o doutor Kahn estava tratando a doença grave de sua filha de 2 anos e meio, Durdana. Receava que a menina estivesse prestes a morrer quando ela, repentina e milagrosamente, reviveu. Na verdade, a criança estivera clinicamente morta durante 15 minutos. Ao abrir os olhos, ela descreveu sua viagem a um belo jardim "nas estrelas", através do qual fluíam quatro rios coloridos. Não era um jardim deste mundo, pois não havia sol no céu e as plantas, translúcidas, brilhavam pela própria força vital.

A criança não estava sozinha no paraíso. Seu avô, que morrera anos antes, estava lá para recebê-la, acompanhado de uma mulher mais velha, que a menina não reconheceu, embora lembrasse bastante sua mãe.

Durdana queria ficar, mas naquele instante ouviu o pai chamando-a de volta. É curioso notar que, para uma criança que foi criada em um lar de seguidores da religião hindu, Durdana não descreveu Deus em termos hindus, mas como uma luz azul radiante, sem forma, da qual saía uma voz, perguntando-lhe se desejava retornar. Ela explicou que precisava ir, pois seu pai a estava chamando, e com isso deslizou de volta para seu corpo.

Apesar da formação médica, o pai estava convicto de que a visão da filha não havia sido um delírio causado pela febre. Ele se convenceu ainda mais de que a menina falava a verdade quando, mais adiante, ela conseguiu identificar a foto de sua bisavó, que jamais vira.

Seus pais não tinham fotos da senhora, que falecera antes de Durdana nascer. A única cópia estava na casa do tio, e ela nunca visitara o lugar antes daquele dia.

Há uma nota intrigante nessa história. Doze anos mais tarde, depois que a família se mudou para a Inglaterra, Durdana e seu pai apareceram na TV britânica para dar sua colaboração em um debate sobre vida após a morte. Durdana trouxe algumas pinturas que fizera sobre o jardim celestial para ilustrar sua narrativa. Sem dúvida, a experiência deixara-lhe uma impressão duradoura e uma necessidade de expressar em sua arte o desejo de voltar ao jardim.

No dia seguinte, uma mulher que assistira ao programa entrou em contato com a família. Agitada, afirmou ter visitado o mesmíssimo lugar durante uma de suas experiências de quase-morte e conseguia descrever outros pormenores que Durdana omitira em suas pinturas.

– Por pouco não saltei da cadeira quando vi aquela imagem na televisão – disse a senhora Goldsmith, que, soube-se depois, fora uma paciente do doutor Kahn.

É preciso reconhecer que parece suspeito que todas as pessoas que partilharam essa experiência sejam conhecidas do médico indiano, mas foi justamente por conhecê-lo que a senhora Goldsmith sentiu-se confiante para procurá-lo e compartilhar sua experiência.

Esse depoimento é ainda mais notável porque, na ocasião de sua EQM, Durdana era muito jovem para ter sido influenciada ou condicionada pelas crenças de seus pais, que, em todo caso, não teriam reforçado essa imagem peculiar do paraíso.

Compare a descrição do jardim celestial feita por Durdana com a seguinte EQM registrada por um homem de 55 anos, que se recordava vividamente da experiência que tivera 45 anos antes, após uma reação adversa à penicilina. O depoimento a seguir está presente em um dos trabalhos de Melvin Morse, médico pediatra norte-americano, estudioso de EQMs em crianças e adultos.

> Nuvens negras rodeavam-me, como se eu estivesse em uma neblina espessa. De repente, um ponto de luz surgiu, aproximando-se cada vez mais de mim, até que as nuvens se dissiparam de súbito e eu estava parado diante de um rio estreito. Comecei a caminhar perto dele até que ficou tão estreito que eu podia passar por cima.
>
> O outro lado do rio era extremamente tranqüilo. Havia belas colinas iluminadas ao fundo.
>
> Durante meu passeio, fui abordado por um senhor de barba. Não sei ao certo quem ele era, mas tive a sensação de que era um de meus avós. Ele

> deteve-me e disse-me para retornar na direção do rio. "Não é sua hora", disse.
>
> Voltei-me e olhei para o rio. Era bastante largo naquele ponto, mas logo ficou estreito. Então, eu simplesmente o atravessei e me movi para dentro de meu corpo.

Se assumirmos que as imagens são mera expressão dos sentimentos do garoto, a neblina simbolizaria sua confusão e o rio, o ponto sem volta, enquanto o velho poderia ser interpretado por uma personificação de seu pai interior (o superego).

A outra explicação é de que existe uma realidade alternativa (no sentido de que um sonho é real enquanto você estiver sonhando) e que a intuição do garoto estava correta ao supor que o idoso fosse seu falecido avô, que jamais conhecera, embora o tenha reconhecido no mundo de empatia espiritual.

O argumento dos que alegam que as EQMs não passam de fantasias para satisfação própria, criadas por pessoas que só enxergam aquilo a que foram condicionadas ou o que esperam enxergar, é contrariado pela evidência. Conforme notou uma mulher: "Minha experiência desafiou tudo o que eu já havia lido, visto ou ouvido, tudo naquilo em que acreditava [...] tentei dizer a mim mesma que era um sonho, mas meu coração sabia que não era".

Experiência

Embora nem todos os relatos de EQMs sejam semelhantes, mesmo os casos atípicos parecem confirmar que o pós-vida é uma experiência real, não uma produção da mente. É importante observar que as crenças religiosas e expectativas não influenciam a qualidade ou natureza de tais experiências.

Bert Kovus, 76 anos, de Margate, no Reino Unido, foi e continua sendo um cristão praticante que acredita em algum tipo de vida após a morte, mas reconhece que costumava julgar quem afirmasse ter tido uma EQM como alguém de muita imaginação – até ter passado, ele mesmo, por uma.

> Entrei em uma UTI sofrendo de falência múltipla de órgãos. Ali, fiquei entrando e saindo do estado de consciência durante onze dias. Então, em dado instante, percebi nitidamente que estava fora de meu corpo, em uma área de um branco completamente fluorescente. Não tinha noção de dimensões espaciais ou de pisar em terra firme. Eu estava ou era parte daquilo, o que quer que "aquilo" fosse. Não era um espaço físico. Não existiam chão nem paredes. Era um mundo além dos sentidos. Outra realidade. Não pode ser descrita em palavras, a não ser que eu diga que era um local

de paz total e absoluta. Era tão penetrante que senti que não deveria me incomodar nem mesmo com um pensamento.

Embora eu não tivesse consciência do meu corpo, observava de um ponto de vista como se estivesse em pé. Então, ouvi uma voz de sexo indefinido dizer: "Ele tem de voltar", e, olhando do alto, avistei duas figuras cobertas de branco deitadas, uma de cada lado. A outra perguntava o motivo e a primeira respondia: "Há algo que ele ainda precisa realizar". Naquele instante, tive esperanças de que dissessem o que era. Ainda era meu eu curioso e impaciente, e fiquei bastante decepcionado ao não ouvir a resposta. Em vez disso, começaram a deslizar para cima, afastando-se de mim, rumo a um ponto distante. Na verdade, lembro que pensei: "Se forem nessa lentidão, vão levar meses até chegar ao topo". Entretanto, eles continuavam subindo. Quando, enfim, desapareceram, abri meus olhos e vi a coisa mais suja e feia que jamais vira. Era a sujeira no teto da unidade de terapia intensiva. Não vi nada de errado nela ao avistá-la no dia seguinte, mas o fato de ter vindo de um lugar de paz e perfeição fez com que o mundo físico ofendesse minha vista. Em seguida, o médico debruçou-se sobre mim e disse que estava satisfeito por eu ter voltado ao mundo dos vivos, ou algo do gênero, porque tinham acabado de tentar me trazer de volta à vida. Eu, porém, fui deixado com uma sensação arrebatadora de decepção, pois não havia sido capaz de prosseguir ao próximo nível e, em vez disso, tive de voltar para este.

Sou a última pessoa que esperava que isso acontecesse comigo e sou um indivíduo melhor por ter passado por essa experiência.

Sei, sem dúvida nenhuma, que a experiência pela qual passei era real. Mudou completamente minha atitude diante da vida. Eu era irritadiço, exagerado e cínico, mas hoje sou mais sossegado e otimista. Perdi o medo da morte. Entretanto, ter saído deste mundo não quer dizer que acho que o que acontece na vida não tem importância. O fato é que essa experiência me deixou com a sensação de que não podemos perder um só instante de nosso tempo na Terra nem superestimar a bênção da vida.

Efeitos posteriores

É um equívoco imaginar que as EQMs transformam as pessoas em indivíduos alienados, praticantes de um misticismo superficial. É verdade que a maior parte dos que retornam de um contato mais próximo com a morte adquire uma determinação renovada de aproveitar ao máximo sua segunda chance. Eles não se tornam ansiosos por abraçar a morte, mas apenas perdem o pavor de morrer e têm uma atitude menos rígida, intolerante e impaciente com os outros. Às vezes essa atitude despreocupada pode irritar seus parceiros e familiares, acostumados ao jeito ranzinza e egoísta dessas pessoas. E embora seja sempre uma experiência profundamente espiritual, a EQM não leva, necessariamente, essas pessoas a renegar suas crenças religiosas.

O doutor Raymond Moody menciona o caso de um ministro metodista habituado a ameaçar os fiéis com a perspectiva do inferno e da condenação, mas que passou a pregar o valor da compaixão e do perdão após uma EQM. Afirmava que um ser de luz lhe havia mostrado seus erros e salientara que estava deixando seus paroquianos cheios de culpa e temor.

Segundo o doutor Melvin Morse, do Hospital Ortopédico Infantil, em Seattle, em Washington, convicções religiosas não influenciam a experiência, apenas as interpretações que os indivíduos fazem dela.

Depois de uma EQM, tanto os religiosos quanto os céticos passam a se interessar menos pelo aspecto dogmático da religião. Para eles, a essência de uma religião deve estar no cultivo da compaixão e de uma vida mais espiritual. De acordo com o doutor Morse, os efeitos positivos de uma EQM se mantêm inabalados mesmo após um período bastante prolongado. A sensação de ter dividido com alguém uma experiência sagrada permanece, apesar da influência de pessoas negativas e dos eventos trágicos que possam ocorrer ao longo da vida da pessoa.

Céu e inferno

Se existe um paraíso, não deveríamos acreditar que também exista um inferno? Na minha concepção, o primeiro é um estado de existência, enquanto o outro é um simples estado de espírito, um sofrimento que a pessoa induz nela mesma, gerado pela culpa ou por um vício grave ligado aos instintos mais básicos ou a substâncias como álcool e narcóticos. Apenas crer que se vai para o inferno, ou mesmo o medo dessa possibilidade, não parece o bastante para criar essa realidade. Até as pessoas mais egoístas e temerosas, que afirmam ter passado por uma EQM, partilham a mesma felicidade, o que sugere que deixamos nossos medos para trás ao nos separarmos de nosso corpo físico.

O inferno descrito em textos sagrados e antigos das religiões hindu e budista é nitidamente mitológico, uma tentativa de explicação do lado mais sombrio da natureza humana, esboçando uma paisagem simbólica dos medos do ser humano, a fim de obrigá-lo a enfrentar as próprias sombras.

O inferno tradicional do cristianismo, com seu diabo e seus demônios chifrudos, é, em sua maior parte, uma criação da mentalidade medieval, elaborada para amedrontar o pecador em potencial e mantê-lo obediente e assíduo à igreja. Os primeiros líderes da Igreja sabiam que, se fossem confiar apenas nos fiéis e nos puros de coração, seus templos permaneceriam vazios.

Como os cineastas de hoje, eles sabiam o valor de um bom susto e como o diabo pode ser útil ao entrar no jogo. O medo é mais eficaz do que a fé. A promessa de paraíso não bastava para garantir um comprometimento; também deveria existir o medo da maldição eterna, a fim de incentivar uma conduta correta e doações generosas. Era uma questão de simples psicologia – um reflexo condicionado.

Embora existam centenas de milhares de narrativas registradas de experiências de quase-morte positivas, há poucos exemplos, comparativamente falando, que relatam experiências negativas, e estas apresentam um alto teor subjetivo, com detalhes distintos de uma para outra, o que sugere um estado mental particular em vez de um estado de existência. Com base em tais descrições, parecem indicar condições depressivas ou um pesadelo.

Uma mulher não disse nada além de: "Se ao partir daqui você for uma alma atormentada, também será uma alma atormentada do outro lado". Um viúvo que tentou suicídio em um momento de desespero disse de forma ambígua: "Não fui aonde ela [a esposa] estava.

Fui para um local medonho... Na mesma hora vi que tinha cometido um erro terrível". A percepção foi, sem dúvida, suficiente para trazê-lo depressa de volta à consciência desperta.

Pesquisas recentes feitas por Tony Lawrence, professor acadêmico de psicologia da Universidade Coventry, e outros, sobre EQMs negativas, concluiu que estas, em geral, envolvem o que ele denomina "uma ausência de experiência", ou uma sensação de ser arrastado para uma fossa. Assemelham-se mais a um pesadelo com sensação de desamparo, desorientação e desespero, manifestos como imagens e emoções perturbadoras, do que a uma experiência real, pois não apresentam nada do conteúdo ou dos pormenores das EQMs positivas. Parece que as EQMs negativas são manifestações de um processo de purificação interna ou de um medo da aniquilação.

Descrevendo o paraíso

Nenhum olho pode ver, nenhum ouvido pode ouvir, nenhuma mente pode compreender como é o paraíso.
Rabino Yochanan ben Zachai

A dúvida que tem inquietado e frustrado os místicos através dos séculos não é se o paraíso existe, mas como descrever o indescritível, um estado de existência além de nossa compreensão e da capacidade de transmissão da linguagem.

Para melhor compreensão desse problema, pode-se recorrer à fábula da tartaruga e do peixe que, segundo se diz, originou-se no budismo, mas também é comum entre muçulmanos e judeus.

Uma tartaruga e um peixe estavam se aquecendo nas partes mais rasas do mar e imaginando como seria viver sobre a terra. Depois de algum tempo, o peixe pediu à tartaruga que explorasse a praia e descobrisse. A tartaruga concordou, com hesitação, e retornou mais tarde. No entanto, ela só conseguiu dizer que a areia branca queimada pelo sol, que existe na praia, não era como a areia molhada no fundo do mar, que a vegetação não se parecia com as algas marinhas e que caminhar pelo ar não era como nadar pelos mares. Sem dúvida, o peixe ficou frustrado e exigiu saber como era viver sobre a terra. A tartaruga, porém, insistiu que não existia nada que eles conhecessem e que servisse de comparação.

Santo Tomás de Aquino, teólogo do século XIII, enfrentou uma dificuldade semelhante. Dedicou sua vida à contemplação do divino, mas após ter experimentado um vestígio momentâneo de Deus, sentiu que as palavras eram inadequadas para descrever sua experiência, e até mesmo se negava a falar sobre o assunto. Depois de meses de divagação silenciosa, tentando recapitular o momento difícil de descrever, foi solicitado a ele que completasse o manuscrito de sua obra-prima, a *Suma Teológica*. No mesmo momento Santo Tomás declarou que aquilo seria redundante à luz do que lhe havia sido revelado naquele breve momento.

A visão do paraíso

Talvez o argumento mais forte contra a existência do paraíso como um mundo de eterna primavera, repouso eterno e gratificação total seja o de que, se já estivemos lá antes, por que não nos lembramos disso? Mesmo quem já se submeteu a regressões hipnóticas e voluntárias, com detalhes referentes a encarnações passadas, fica inexplicavelmente reticente em falar sobre o estado entre as vidas, a não ser usando termos muito vagos.

Após ter lido inúmeros relatos sobre experiências de quase-morte e ter, eu mesmo, atravessado estados alterados de consciência, minha opinião é de que não nos lembramos porque o paraíso não existe sob a forma de uma realidade objetiva, e sim como um estado elevado de consciência. Portanto, não pode ser recriado pela faculdade mental da memória. É uma experiência subjetiva que podemos compartilhar até certo ponto, da mesma maneira que centenas de pessoas podem assistir a um concerto e ter impressões diferentes do espetáculo. No caso do paraíso, esses indivíduos descrevem-no como um local bucólico, mas os detalhes específicos divergem. E o ser de luz presente em todas as EQMs é, mais tarde, interpretado como Deus, Jesus, um anjo ou uma energia benigna sem forma.

Por quê? Porque cada um interpreta uma mesma experiência de acordo com a própria expectativa ou percepção. Isso, entretanto, não invalida a realidade da experiência. Uma analogia adequada pode ser o modo como críticos diferentes enxergam uma pintura. Um deles pode sentir-se arrebatado pela simetria, pela cor, pela perspectiva e pelas técnicas usadas pelo artista. Outro pode ver apenas uma tela bidimensional lambuzada com manchas de tinta. Um terceiro pode ficar encantado pelo que o artista está expressando com relação ao objeto ou incidente retratado, enquanto o seguinte pode sentir-se incomodado pelo conceito intelectual. E quando partem da galeria, até mesmo o crítico mais expressivo não será capaz de traduzir a sensação que a pintura lhe transmitiu, a não ser por meio de comparações com outras obras ou colocando-a em um contexto.

O mesmo problema é enfrentado pelo crítico musical ou por uma pessoa que tenta descrever suas férias a um amigo. Usamos generalizações e lugares-comuns até com experiências de grande significado para nós. Então, por que seria diferente com relação ao "outro lado"? Quantas vezes vemos pessoas nos telejornais descrevendo a perda de uma pessoa amada como "devastadora”? E quem pode descrever a chamada experiência do êxtase? Simplesmente não temos expressões satisfatórias para transmitir nossos mais profundos sentimentos; assim, como podemos esperar traduzir a delícia transcendental do pós-vida em termos que não sejam genéricos?

Provavelmente apenas os poetas podem chegar perto de conseguir explicar, e mesmo assim eles só dão uma impressão do que estão descrevendo. Se o paraíso é, de fato, uma dimensão que se parece com um sonho, onde existimos em nosso corpo emocional, então se espera que o descrevamos em termos emocionais.

Segundo o escritor norte-americano Kurt Leland, o importante não é o que veremos, mas como veremos.

Um acompanhante espiritual

E quanto aos mundos além do paraíso? A história que segue mostra um vestígio do que pode existir mais adiante, bem como reafirma que a morte não passa de uma separação temporária entre nós e aqueles que amamos.

Em sua narrativa autobiográfica, a psicóloga holandesa Elleke van Kraalingen descreve como tomou consciência do espírito de seu noivo, Hermod, que morrera atropelado por um carro em alta velocidade em uma estrada de terra na Jamaica. Hermod, um médico norueguês, parece ter tido um vago pressentimento da própria morte dias antes do acidente fatal. Aquilo, em vez de perturbá-lo, deu-lhe a sensação de que sua existência havia concluído um ciclo. Depois de anos de frustração e luta em sua vida pessoal e profissional, passou a aceitar a existência como realmente era, em vez de reclamar do que antes classificava como crueldades aleatórias contra ele. Disse a Elleke que o amor dela o havia auxiliado a se render ao destino e que, se fosse morrer naquele instante, iria se considerar realizado. Assim que ele fez essa afirmação, Elleke sentiu uma "radiação" em volta de seu noivo.

Instantes depois, Hermod foi atropelado e quase imediatamente perdeu a consciência. Enquanto a psicóloga se ajoelhava sobre o noivo, teve a sensação de "algo se rompendo", como se o elo psíquico entre ambos tivesse sido separado de forma violenta. Em seguida, viu a alma dele abandonar o corpo na forma de uma névoa e sentiu a presença dele parado, atrás dela, enquanto se empenhava freneticamente em ressuscitá-lo. Embora parte dela estivesse em choque, outra parte experimentava uma luz envolvente, trazendo-lhe conforto e uma sensação de tranqüilidade. Quando Elleke voltou a pé ao hotel, sentiu Hermod andando a seu lado, de mãos dadas com ela.

Mais adiante, Elleke descreve como o noivo se materializou no quarto. Por ser uma psicóloga, ela tentou, por instinto, desmistificar a imagem, afirmando ter sido uma alucinação criada pelo sofrimento e pela necessidade de acreditar que o amor de ambos duraria além desta vida. Cobriu os olhos e disse a si mesma que aquilo era apenas sua imaginação, mas, ao olhar novamente, ele ainda estava ali, sentado ao pé da cama. Foi então que ela escutou a voz do noivo dentro de sua mente, insistente, porém piedosa:

– Ainda estou aqui – garantiu. – Não existe morte, não existe tempo, existe apenas realidade.

Mais uma vez, havia uma radiação ao redor dele e, dessa vez, ela sentiu a presença de outros seres invisíveis prestando-lhe apoio.

Quando ele partiu, Elleke anotou tudo o que conseguia lembrar, de modo que pudesse responder às próprias dúvidas. Não tinha motivos para acreditar que aquele fenômeno ocorreria de novo. Entretanto, no dia seguinte, seu noivo ressurgiu, a fim de acompanhá-la pelo processo doloroso de identificar seu corpo e prestar declarações à polícia. Hermod continuou a seu lado até quatro dias depois do funeral. A seguir, ele a deixou só, no apartamento que dividiam.

Para se equilibrar e recuperar um pouco da sensação de normalidade, Elleke começou a meditar, mas assim que atingiu um grau de relaxamento profundo seu noivo apareceu novamente e, com um puxão, tirou-a do corpo. Agora ela também era um corpo de luz olhando para trás e admirando o "eu físico" sentado e de pernas cruzadas sobre o piso, muito abaixo. Embora estivesse em um estado não-físico naquele momento, sentia que aquilo era mais real do que o mundo físico. Sentia-se agora mais viva do que nunca e sentiu uma vibração jamais experimentada antes. Eles se abraçaram, mas ela logo sentiu sua energia drenada e retornou ao corpo.

Durante os seis meses seguintes o noivo reapareceu todos os dias, convidando-a para acompanhá-lo a outros domínios de consciência superior. Todas as vezes, entretanto, era ele quem escolhia aparecer. Sempre que ela desejava que acontecesse, nada ocorria.

A psicóloga descreve a primeira dimensão como um mundo translúcido, de cores vívidas, habitado por seres que ela percebeu como formas sem substância física. Tinham uma "consciência mais elevada", embora não fossem anjos, como poderíamos imaginar. Eram simplesmente pura luz e energia.

Outro domínio tinha a forma de um lindo jardim, que Hermod afirmara ter criado apenas visualizando-o. Naquele reino de ilusões, explicou, as pessoas criavam seu mundo segundo as próprias expectativas e condicionamentos. Caso sentissem culpa, criariam o próprio inferno, e se tivessem acreditado em um paraíso celestial, também experimentariam aquilo. Era um mundo além do tempo e do espaço, no qual a comunicação se fazia apenas pelo pensamento e era possível viajar para qualquer lugar na Terra à vontade, ou estar com alguém que se desejasse apenas expressando esse desejo.

Em uma outra ocasião, Elleke encontrou-se com a mãe de Hermod, falecida muitos anos antes, e aprendeu que, em geral, os espíritos abandonam o mundo de ilusões para se comunicar com seus entes queridos que ainda se encontram encarnados. Muitos dos vivos, contudo, ainda não estão abertos nem receptivos.

Além dos domínios da ilusão, onde os desejos podem adquirir um formato transitório, havia um estado superior de existência. Nessa dimensão elevada de pensamento, as entidades praticavam a criatividade mútua, isto é, criavam em conjunto, em vez de buscar a realização individual dos desejos.

Para além desse estágio existia outro, um domínio de pura consciência, um estado de existência além da compreensão humana no qual não havia nem a necessidade de se comunicar nem de assumir uma forma. Naquele ponto, Elleke atravessou a "camada de almas" de pura essência, para a qual ascendemos quando aprendemos a ir além de nosso senso de "eu" e a dispensar nossa personalidade terrestre. Era uma esfera de "amor profundo", mais real do que a vida na terra.

Ela não tinha pensamentos nem sentimentos, nem sequer sentia a presença do noivo. Estava imersa em uma luz de amor incondicional.

– Cresci como atéia, e se pudesse chamar algo de Deus, seria aquilo.

Elleke reconhece que podia compreender apenas uma pequena parte daquela realidade, pois se tratava de algo amplo demais para ser descrito pela limitação da linguagem. Sentia que existiam mundos além de mundos, mas sabia que naquele instante não poderia ir mais além.

Ela acreditava que sua capacidade de abandonar o corpo com tão pouco esforço devia-se ao trauma que havia sofrido, rompendo sua ligação com o mundo físico. À medida que as semanas passaram, ela percebeu que seu desejo de estar com Hermod e sentir-se livre das dores da separação não estavam permitindo que ela cuidasse de seus filhos adequadamente. Ao mesmo tempo, ela se conscientizou de que Hermod estava se tornando menos corpóreo, assemelhando-se cada vez mais aos seres de pura energia que conhecera antes. As marcas de seus ferimentos estavam desaparecendo e ele parecia mais jovem.

A presença de Hermod ainda acompanha Elleke, mas o noivo surge com menos freqüência desde que ela fez um esforço consciente de se prender no aqui e no agora, pelo bem dos filhos. Contudo, as experiências fora do corpo mudaram sua vida para sempre.

– Estou aprendendo a amar esta vida outra vez – conclui –, a viver plenamente a vida... a honrar a própria vida.

7 Conversas com o paraíso

Se quiséssemos saber como é o paraíso, a única forma possível seria conversando com os mortos, a não ser que fôssemos lá pessoalmente. Por esse motivo, a maneira mais confiável e prática de ter acesso ao "outro lado" é consultando um médium. Entrevistei vários deles enquanto escrevia este livro e descobri que eles têm uma precisão misteriosa e apresentam uma coerência incomum ao relatar suas inspirações e experiências.

O sacerdote mediúnico

Ao contrário da crença popular, a mediunidade não se limita a pessoas excêntricas ou a determinado tipo de personalidade. Mesmo quem foi condicionado por uma criação cultural e religiosa que considera fantasioso esse tipo de manifestação pode vir a desenvolver tal sensibilidade. Tina Hamilton, assistente de cultos católicos responsável pelos funerais em uma igreja da Inglaterra, com freqüência sente a presença dos finados, que trazem consigo uma profunda sensação de paz. Em suas palavras

> Não os vejo. Não preciso. Mas os ouço e percebo a força da personalidade de cada um, que, sem dúvida, sobrevivem à morte do corpo físico. Às vezes posso até senti-los colocar o braço ao redor de meus ombros. Se for uma presença muito forte, eu inicio uma conversa telepática. Sem dúvida, não é minha imaginação nem são meus pensamentos. São as vozes deles que ouço, de forma alta e clara, dentro da minha cabeça. Eles se sentem mais vivos do que nunca e se surpreendem pelo fato de os familiares e amigos não conseguirem enxergá-los. Com freqüência exprimem surpresa e satisfação diante da quantidade de pessoas presentes ao funeral e do nível de amor que geraram durante a vida. Alguns chegam a rir ao ver um parente em especial que, sabiam, não gostava deles.
>
> Em meus cinqüenta anos de serviço religioso, nunca senti nenhum espírito passando por alguma

forma de sofrimento. Certa vez, porém, enquanto presidia o funeral de uma adolescente que se suicidara, ela surgiu e exprimiu o quanto sentia por ter abandonado os pais com tamanha dor e culpa. Ela me disse que tinha sofrido de problemas psicológicos e depressão, fato que a família me confirmou mais tarde.

Já encontrei espíritos perturbados, sim, mas nunca na igreja. Às vezes estou na cidade, cuidando da vida, quando ouço alguém chamar meu nome, viro e não encontro ninguém. Em seguida, ouço outra vez e é quando percebo ser um espírito. Pergunto, então, quem é e o que quer comigo. Preciso que se identifiquem, a fim de que eu possa tratá-los de modo mais pessoal, pois isso me ajuda a estabelecer uma conexão e criar uma empatia com eles, mas também para que eu consiga, mais tarde, pesquisar e descobrir quem eu estava ajudando. Sempre é uma alma perdida que acaba de morrer de repente, sem estar preparada para o que aconteceu, e se encontra confusa. Quer saber o que fazer. Então eu lhes peço para ficarem calmas e irem para a luz. Instantes depois, sinto a presença sumindo, à medida que uma sensação de paz ou alívio me arrebata. Uma vez senti a presença de um rapaz que se identificou pelo nome e me contou que havia se envolvido em um grave acidente de carro enquanto viajava. Estava confuso ao se perceber perambulando pelas ruas de um lugar desconhecido para ele, tendo esquecido como sua viagem terminara. Ficou revivendo o acidente como se fosse um sonho sem sentido. Mesmo ele, porém, não estava sofrendo, apenas confuso. Minha experiência me leva a crer que a alma não sofre, nem mesmo em caso de morte violenta; simplesmente se separa do corpo físico quando a morte acontece.

As experiências psíquicas de Tina começaram na infância e sempre lhe pareceram totalmente naturais.

Lembro-me de que, aos 5 anos, descrevia as pessoas mortas que tinha visto, e minha irmã tentava me assustar, dizendo que, se eu não admitisse que estava inventando, apareceriam homens em roupas brancas e me levariam dali.

Aparentemente, herdei esse dom de minha avó materna. Minha mãe me incentivou, embora fosse uma mulher devota. Sempre dizia que, se uma pessoa tinha um talento, deveria desenvolvê-lo, como se fosse qualquer outra habilidade, ou seria um insulto a Deus, que lhe concedera aquele dom. Além do mais, não se pode reprimir a sensibilidade mediúnica por muito tempo, sob pena de isso nos deixar física e psicologicamente doentes. É preciso, porém, aprender a "abrir-se" e "fechar-se" de forma adequada; caso contrário, corre-se o risco de ser arrebatado por espíritos desencarnados e maléficos que são atraídos por um médium como mariposas pela luz. Na imensa escuridão do espaço, você é um farol para qualquer entidade, benigna ou não, que esteja tentando se comunicar ou voltar para este mundo.

Por esse motivo decidi exercitar-me como terapeuta em uma associação especializada. Ao terminar o curso, pediram-me que ficasse e me tornasse uma médium receptora, mas eu não me sentia bem com aquilo. Não via valor em transmitir mensagens deste mundo para o tio Sicrano ou para a tia Beltrana. Queria ser uma terapeuta e trazer conforto aos que estão agonizando.

Fiquei muito impressionada com alguns médiuns que encontrei na escola onde estudei. Uma, em especial, disse-me por que eu tinha medo de águas fundas, embora soubesse nadar. Ela me revelou que, em uma vida passada, fui uma enfermeira que morreu afogada. Citou locais e datas que eu consegui pesquisar e descobrir que eram reais. Assim que ela descreveu o incidente que encerrou aquela vida, eu soube, por intuição, bem no fundo do meu ser, que ela estava certa. Senti um alívio imenso em saber o motivo daquele medo irracional que me reprimia desde a infância, embora todos em minha família fossem nadadores apaixonados.

Meu pai era judeu e não acreditava em vida após a morte. Entretanto, dias depois de ter falecido, sua imagem apareceu ao mesmo tempo na casa de cada uma das minhas irmãs. Pode parecer uma loucura ambas terem jurado que ele apareceu na tela da TV durante o programa que ele mais apreciava quando estava vivo. Isso mostrou, para mim, que a personalidade sobrevive à morte. Como meu pai costumava dizer: "Não nasce uma auréola n'a gente só porque morremos". Desde então, ele aparece sempre que me encontro na presença de uma boa médium, mesmo que, por motivos religiosos, ele não acreditasse nessas coisas.

Diante desses relatos, fica a pergunta: como Tina concilia sua fé religiosa com os fenômenos que vivencia?

A religião serve de guia e de grande conforto às pessoas durante a vida e pode facilitar a passagem. Uma vez no outro lado, as pessoas ainda mantêm os mesmos valores.

E como seus colegas padres reagem às suas experiências paranormais?

Eles me param por um instante, dizendo: "Olha, Tina, não queremos saber disso". Pouco mais tarde eles se aproximam e perguntam, como quem não quer nada: "Então, o que aconteceu depois?".

Tamara – tudo é energia

A terapeuta iugoslava Tamara Mount recorda a primeira vez que se conscientizou de uma outra realidade.

Meu marido e eu estávamos em férias na Austrália, no final dos anos 1990, quando ele adoeceu e precisou ser hospitalizado. Pouco antes de visitá-lo, decidi me deitar na cama de nosso quarto de hotel e meditar por cinco minutos, a fim de me preparar para lidar com os médicos e com todo o desgaste da situação. Aqueles se tornariam os cinco minutos mais importantes da minha vida.

À medida que me aprofundava no relaxamento, podia sentir-me cada vez mais pesada. Meu corpo parecia de chumbo. Estava rígida, paralisada. Não conseguia me mover. No instante seguinte, estava sem peso e envolta por um calor adorável, suave, aveludado. Havia também um aroma doce, o qual senti em todas as ocasiões posteriores em que alcancei esse estado e que só consigo descrever como delicioso. As palavras, entretanto, são inadequadas para descrever essa sensação de se desprender do mundo físico. Em seguida, senti minha mente sendo arremessada por minha testa, subindo numa velocidade inacreditável na direção da atmosfera, como um redemoinho. Ao olhar para trás, para a terra, muito abaixo de mim, tudo estava escuro, num tom de azul profundo.

Estava flutuando no espaço, amarrada a meu corpo por algo que parecia uma longa corda de elástico.

Tinha consciência de estar tanto fora de meu corpo como dentro dele, ao mesmo tempo. Tinha a nítida consciência de me encontrar simultaneamente em duas dimensões, mas não senti medo. Era delicioso e pareceu completamente natural na ocasião.

Quando, por fim, deslizei de volta a meu corpo, olhei para o relógio e descobri que me ausentara por 45 minutos. Durante aquela experiência, porém, eu existia em um estágio além do tempo e do espaço.

Estava em êxtase e queria saber o que aquilo significava e como poderia fazer com que acontecesse outra vez. Tinha me viciado naquela sensação de felicidade. E aquilo alimentou meu desejo de aprender tudo o que eu pudesse sobre nossa real natureza e sobre a natureza do universo.

Por ser uma pessoa bastante analítica, queria entender o que estava experimentando e não apenas descartar e tratar como um fenômeno. Assim, optei por investigar, passo a passo, como conseguiria atingir de forma consciente aquele estado quando quisesse, em vez de involuntariamente. Praticava meditação com regularidade e investigava as energias sutis que sentia ao redor de mim por meio da terapia espiritual. Comecei a enxergar as cores da aura humana, tanto à minha volta quanto emanando dos pacientes que tratava. Certa vez, tive um lampejo de inspiração quando olhei meu marido e vi que tinha duas costelas quebradas. Foi como um raio X. Ele havia caído enquanto praticava esporte e, embora aparentasse estar com apenas um arranhão, eu o convenci a procurar um médico. Acabamos constatando que eu estava certa. Em outra ocasião, ele estava reclamando de uma lesão no pé, que costumava tratar com antiinflamatórios, a fim de reduzir o inchaço. Levava uma semana para melhorar. Daquela vez, eu conseguia "enxergar" que a dor era causada por um acúmulo de cristais no músculo. Naquele dia, dei-lhe um tratamento especial, e no dia seguinte a lesão havia desaparecido. Todos nós podemos fazer isso uns pelos outros. Existe, contudo, interesse em manter uma sociedade na dependência dos medicamentos. Sem ela, as empresas farmacêuticas, por exemplo, iriam à falência. Por isso, promove-se a cultura que desacredita os terapeutas e nega a existência de nossas habilidades psíquicas latentes.

A emoção que senti curando pessoas tornou-se um vício. Com o tempo, desenvolvi a habilidade de elevar minha consciência a outros níveis. Isso me proporcionou algumas das experiências mais esclarecedoras, e também algumas das mais aterrorizantes, que já tive. Lembro que, certa vez, fiquei cara a cara com um ser semelhante a um demônio em chamas. Sabia que se deixasse meu medo me dominar não teria coragem de investigar mais. Assim, eu o enfrentei: disse que o amava e ele se transformou em uma pétala.

Será que não se trata de uma personificação de nossas próprias angústias, um demônio interno incorporando o medo do desconhecido ou do que podemos encontrar caso continuemos investigando?

Sim, tenho certeza, porque sempre inicio uma meditação pedindo para ser levada aonde quer que precise ir e experimentar o que for necessário. Assim, o "demônio" em chamas teria sido uma resposta previsível. Em um determinado ponto dessa jornada de autoconhecimento, devemos encarar nossos medos, e muitas pessoas não evoluem nem amadurecem espiritualmente porque não estão preparadas. Contudo, quando você está preparado, descobre que não há nada a temer, a não ser o próprio medo, para usar um clichê desgastado, embora verdadeiro. Pessoalmente, não acredito no mal como uma entidade consciente e, apesar do que acabo de descrever, nunca encontrei seres malévolos. É tudo energia. Somos energia presa à matéria, tudo no universo é energia, e a energia é neutra. Depende de como você a utiliza. O princípio do universo é energia-pensamento-matéria. Assim, tudo o que você visualiza é criado em um nível mental, psicológico e físico. Criamos uma realidade temporária em nossos sonhos, mas também podemos criar uma fantasia no mundo "real", com nossos pensamentos, desejos, medos e devaneios. Se, neste processo, emprestamos a eles uma realidade negativa, ela pode nos deixar física ou mentalmente doentes. Muitas enfermidades têm origem psicossomática e, por esse motivo, eu nunca trato os sintomas, mas vou direto à causa. Terapeutas passivos colocam as mãos sobre um paciente e podem aliviar o sofrimento, mas o tormento em breve retorna porque não foi tratado na origem. Cada célula de nosso corpo consiste em um aspecto vivo de nosso ser e sofre a influência da condição de nossa psique. Assim, podemos causar enfermidade em nós mesmos com preocupações, ou realizar uma cura milagrosa, dependendo do estado de nossa mente.

> O cérebro humano tem a capacidade de processar a força vital do universo, transformando-a em uma força curativa capaz de atuar na matéria. Dessa forma, o corpo apresenta uma memória, que pode ser condicionada a acionar reações ou reflexos instintivos.

Isso explicaria o avanço tecnológico que hoje presenciamos. Computadores, sistemas de comunicações e até tratamentos médicos não surgiram apenas de um lampejo de inspiração; eles são uma expressão ou extensão de nossos processos racionais e psicológicos. Sobre a tecnologia, contudo, Tamara alerta:

> Quanto mais avançamos tecnicamente, mais nossa sensibilidade mediúnica primitiva enfraquece, algo que nossos ancestrais primitivos usavam para sentir o perigo ou para localizar água, por exemplo. Com o crescimento da população, nós nos separamos uns dos outros e, assim, precisamos de uma extensão artificial (o telefone) a fim de nos comunicarmos. E, da mesma maneira, à medida que desenvolvemos remédios e tratamentos cirúrgicos sofisticados, perdemos a necessidade e a capacidade de nos curarmos uns aos outros. Os que conseguem se comunicar em um nível sutil (ou seja, psíquico) e curar apenas com o

calor das mãos estão cada vez em menor número e são considerados aberrações. Esse é o verdadeiro preço do progresso.

Conforme aumentava a sensibilidade de Tamara, cada vez mais ela experimentava as energias que nos cercava e emanava de nós. Durante o processo de cura, ela experimentou também uma consciência elevada de outras realidades e foi auxiliada por seres que chamaríamos de anjos.

Lembro-me de tratar uma mulher que tinha me procurado para curá-la, mas, como sempre, eu não queria que ela me dissesse quais eram os sintomas. Queria ser guiada até a fonte sem que isso me fosse revelado. Então, pedi que se deitasse em um divã e corri minhas mãos sobre ela, procurando um ponto frio, que poderia me indicar de onde se originava o problema. Instantes depois, fui levada a seu estômago e, ao ver que eu me concentrava naquela região, ela me disse que há anos sofria de dores crônicas no estômago e nas costas. Foi aí que senti o aroma de lavanda, que me indicava que havia uma presença por perto. No entanto, era uma fragrância distintamente fora de moda, parecia mais um desinfetante do que um perfume. Embora meus olhos estivessem abertos, avistei uma

> segunda cena sobreposta no recinto onde eu trabalhava. Era um anfiteatro do século XIX, do tipo em que estudantes de medicina assistiam a cirurgias, com uma mesa de operações no centro. Enquanto observava, podia sentir meu corpo enrijecido, como quando eu tive minha EFC. Não conseguia me mover. Nem ao menos falar. Estava trancada. Em seguida, uma figura enorme, com uma veste azul, surgiu e me perguntou se eu queria ver um milagre. Senti como se estivesse na presença de Deus, ou de um aspecto de Deus. Qualquer que seja o nome que se dê àquilo, era arrebatador, e eu tive de reunir toda a minha força para não desmaiar. Ele pousou a mão sobre o estômago de minha paciente e puxou algo que parecia um pedaço de carne, dizendo apenas: "Pronto". Naquele instante, minha paciente arfou: "Eu dei à luz ou algo assim?".
>
> Ela sentiu algo sendo arrancado de seu estômago e entendeu que eu lhe fizera alguma coisa física, mas não foi o caso. Quando a figura de veste azul se foi e a visão desapareceu, meus joelhos enfraqueceram e pensei que ia desmaiar. Desde então, a mulher nunca mais sentiu dor no estômago ou nas costas.

As experiências de Tamara com os vários níveis e as diversas qualidades de energia levaram-na a formular uma teoria nova e radical quanto à natureza e ao ciclo vital da alma.

> Sempre que avanço até uma nova fonte de energia por meio da meditação, ou em conseqüência de uma experiência espiritual específica, vejo a cor e sinto a qualidade associada àquele nível. Portanto, hoje, não consigo aceitar o conceito tradicional de um único paraíso celestial ao qual todos retornamos após a morte. Vejo o universo como um tipo de árvore genealógica, com diversas dimensões menores emanando da origem, ou de Deus, se preferir. Assim, em vez de existir um só túnel de luz que leva todas as almas a um paraíso celestial, acredito que cada alma volta à sua dimensão de origem. No entanto, se alguém evolui o bastante por meio das próprias experiências na Terra, pode elevar-se a um nível superior, conseguindo, depois de vários tempos sucessivos de vida, reunir-se à origem.

Jill Nash – uma experiência bastante produtiva

Desde a infância, Jill Nash, uma médium de Kent, na Inglaterra, tinha se convencido de que nosso mundo físico se resume a um único aspecto de uma realidade maior. Foi aos 16 anos, porém, que uma experiência de quase-morte confirmou o que ela sabia por intuição.

Quando tinha 16 anos, fui hospitalizada com pneumonia viral, uma enfermidade bastante séria. Os médicos duvidavam que eu sobrevivesse e, por isso, chamaram meus pais e lhes disseram que eu me encontrava em um ponto crítico da doença.

Depois que todos tinham saído, lembro-me de estar em uma cama, vendo uma coisa curiosa ao pé do leito. Uma luz branca, linda, brilhante, pulsante e forte. Embora não conseguisse ver nada na luz, tinha uma sensação forte de que havia uma presença no meio daquilo que se comunicava comigo. Em minha mente, eu podia ouvi-la dizendo: "Ainda não estamos prontos para você. Você tem muito que fazer nesta vida". Foi a primeira vez que eu tive a confirmação da existência de uma etapa seguinte depois desta vida. Não senti medo. Estava calma, relaxada e tranqüila. Era uma presença tranqüilizante e eu queria ir até ela porque estava muito doente e sabia que, se entrasse naquela luz, a doença e a ansiedade seriam retiradas. Não posso descrever o que havia na luz. Sentia, porém, que era uma energia envolvente, repleta de amor e compreensão.

Devo ter caído no sono em seguida. Quando acordei, a febre sumira e eu estava propensa a acreditar que a experiência não passara de sonho ou algo que imaginara por causa da enfermidade ou da medicação. E, de certa forma, eu imaginara, porque só podemos perceber outra realidade e freqüências ou vibrações de energia mais altas através de nosso sexto sentido, que denominamos imaginação.

Infelizmente, não contei a meus pais, pois eram metodistas praticantes que desprezavam toda forma de fenômeno mediúnico. Sinceramente, acho que eles se assustariam com qualquer coisa que desafiasse sua fé. Aquilo os deixava pouco à vontade. Às vezes, eu costumava sentir uma presença e dizia a minha mãe, que me calava, gritando: "Não quero ouvir sobre gente morta!". Eu, porém, nunca tive medo, porque sei que nada morre de verdade. A energia não morre, pode apenas ser transformada.

Essa experiência levou Jill ao compromisso de ajudar os enlutados a obter um certo consolo e a se conformar com a situação.

Houve uma ocasião especial e memorável em que abri a porta, esperando ver uma senhora e, em vez disso, avistei-a com seu finado marido. Logicamente, ela não tinha consciência de que estava acompanhada, mas eu podia vê-lo claro como o dia, embora ele fosse mais apagado do que uma pessoa viva, quase transparente, e não havia nada abaixo de seus joelhos. Era um homem alto e esguio, que permaneceu em pé atrás da senhora quando ela se sentou. O homem trazia um sorriso satisfeito no rosto, como se pensasse: "Enfim, agora posso dizer a ela o que venho tentando falar há meses".

Conforme nos ajeitávamos, ele comunicou-me, por telepatia, que queria que eu falasse com ela sobre uma rosa. Claro que eu não sabia o que ele queria expressar; nunca havia visto aquela mulher antes. Ela, porém, entendeu. O fato é que ele vinha tentando criar um novo tipo de rosa por enxertos, e não conseguiu enquanto vivo, mas queria que ela mantivesse a planta viva, pois sabia que aquilo ia funcionar. Descrevi a planta e o tipo de vaso onde se encontrava e comentei que ela estava debaixo da janela frontal da casa deles. Sem dúvida, embora nunca houvesse visto o local, conseguia enxergá-la na minha mente, conforme ele transferia a mim seus pensamentos.

O falecido queria que ela soubesse que ele estava bem e que estava com ela, caso quisesse dizer algo ou partilhar seus sentimentos. Disse-me para contar-lhe que, com freqüência, ficava parado atrás dela, quando ela se sentava na poltrona às tardes e que, se sentisse algo como uma teia de aranha roçando-lhe o rosto, ou um tapinha gentil na cabeça, era apenas ele, assegurando que ainda se encontrava por perto. E, tão logo eu disse isso, ela admitiu ter sentido essas coisas e imaginado que tivesse sido ele, apesar de não conseguir crer nos próprios sentimentos nem acreditar que ele estivesse mesmo ali.

Dizem que para os que acreditam em vida após a morte não são necessárias provas, e para os que não acreditam nenhuma prova é suficiente. Entretanto, como Jill descobriu, alguns precisam de provas em dobro para se convencerem de fato.

Eu estava participando de uma feira sobre mediunidade quando fui abordada por um homem que deu um show de cinismo. Tratava-se de um cético, que havia se aproximado de mim só para me desafiar. Com arrogância, ele afirmou: "Se você puder me dizer exatamente o que fiquei sabendo há algumas semanas por outra pessoa, talvez eu creia em vida após a morte". Não iria permitir que ele me importunasse; em silêncio, pedi, então, que meus amigos do outro plano, meus guias espirituais, me ajudassem. Imediatamente, senti como se estivessem me levando para trás em um tapete voador. É a sensação que tenho quando me conecto com a vida passada de alguém. Vi como aquele homem havia sido em um século anterior. Era um mercador turco, pechinchando em um bazar. Mesmo parecendo diferente de como era nesta vida, era ele. A mesma personalidade num outro corpo. Quando descrevi o que via, ele ficou completamente pasmo e saiu cambaleando, como se tivesse sido atingido por uma pancada na cabeça.

Em outra ocasião, fiz uma leitura para um senhor de idade e tive a sensação de estar carregando com ele um fardo enorme de uma vida para outra. Quando segurei as mãos dele para fazer a conexão, vi em minha mente uma cena com ele e uma mulher, em uma outra encarnação. Disse-lhe que existia um conflito recorrente não resolvido entre ambos e que a origem do problema estava em um desentendimento relativo a uma propriedade, como tinha ocorrido em uma vida anterior. A mulher o vinha seguindo de uma vida a outra, porque se sentia enganada e queria que ele corrigisse seus erros.

Quando terminei a leitura, o homem disse-me que eu acabara de descrever sua ex-mulher e que o relacionamento deles tinha sido abalado por uma desavença relacionada à propriedade de ambos, e que ele sempre suspeitara de que o ressentimento e a desconfiança dela tinham tanta força que deveriam ter-se originado de uma vida passada, pois a briga atual não merecia tanto ressentimento. Isso mostra o que pode acontecer quando não nos desapegamos de algo ou de alguém. Você se ata a essas coisas e, fazendo isso, atrasa seu próprio progresso.

Talvez a intuição mais reveladora que se pode ter quanto à natureza da vida, da morte e do renascimento é o que se conhece como lembranças de vidas passadas. Essa memória inconsciente de uma existência prévia pode ser recordada de forma espontânea e involuntária, ou, quando se quer, por meio de uma técnica chamada regressão. Jill experimentou outra vez um incidente de uma vida passada com consciência sensorial completa, que foi, em seguida, confirmada.

Vários anos atrás, fui ao que, nos círculos psíquicos, é chamado de "evento para principiantes", nome que se dá a uma reunião de pessoas que querem desenvolver seus dons mediúnicos sob a orientação de um professor experiente. Naquela ocasião, o grupo era comandado por Nanette Phillips, uma psicóloga junguiana altamente respeitada e orientadora qualificada.

Naquela época, eu não conhecia a senhora Philips, mas, assim que entrei no recinto, tive uma suspeita incômoda de já tê-la visto antes. Na verdade, a sensação foi tão forte que tive de perguntar se já não nos conhecíamos. Ela respondeu que não, mas, em seguida, pediu-me que fechasse os olhos, relaxasse e descrevesse o que eu sentia ou via. Embora considerasse um pouco embaraçoso fazer aquilo com todos olhando para mim, obedeci e logo fui tomada por um grande formigamento de calor por todo meu corpo. Achei estranho, pois fazia frio na sala onde estávamos. O calor se tornou tão intenso que comecei a suar. Perdi todo o senso de localização e fui literalmente transportada ao passado. Então, avistei imagens do antigo Egito e me vi em um enorme templo. A senhora Philips também se encontrava lá, mas não como a conhecíamos. Vestia-se como uma sacerdotisa de Ísis e estava assustada atrás de mim, enquanto um homem enorme e impressionante se aproximava. O homem era carrancudo e muito, muito ameaçador. Estava coberto da cabeça aos pés com uma tinta corporal cor de terra, trajava uma vestimenta curta, semelhante a uma saia, e usava um bracelete dourado ornado com uma naja. Uma cicatriz espessa ia do pulso ao cotovelo. Faltava-lhe parte da orelha esquerda. Parecia-me que tinha vindo levá-la para ser morta por algo que cometera ou de que fora acusada. Seria assassinada pela picada de uma cobra peçonhenta. O simples pensamento me fez estremecer, pois sempre tive um medo irracional de cobras e aquilo talvez explicasse o motivo. O homem não viera por minha causa e, ainda assim, eu fiquei aterrorizada. Precisei me retirar daquela situação. Estava exausta e tremia de medo.

Foi então que a senhora Philips me revelou ter ido recentemente a uma terapia de regressão, e tudo o que eu tinha descrito ela própria vira durante uma sessão. Além disso, a sessão tinha sido gravada e ela prometeu que traria a fita no dia seguinte. Assim, poderíamos comprovar que tudo aquilo que eu vira e experimentara havia sido compartilhado por nós duas. A história, porém, não terminou ali. No dia seguinte, fui à biblioteca local em busca de livros sobre o antigo Egito para lançar alguma luz sobre minha experiência. Na orelha interna da capa do primeiro livro, encontrei uma foto do mesmíssimo bracelete dourado que vira com o símbolo da serpente. Era idêntico.

Apesar disso, ou talvez por causa disso, o interesse de Jill sobre a história do Egito se intensificou muito. Assim, ela viajou para lá nas férias de 1996.

Enquanto o guia turístico explicava os hábitos e a cultura do Egito antigo, voltei-me para meu marido e disse, em voz baixa: "Nos tempos antigos as coisas eram diferentes de hoje", e descrevi o que sabia, por intuição, sobre o modo como viviam, informações que logo depois foram repetidas pelo guia da viagem. O mesmo aconteceu quando visitamos as ruínas do templo de Ísis. Conforme o guia descrevia a aparência do interior no tempo dos faraós, dirigi-me a meu marido e descrevi a cena em pormenores.

Entretanto, quanto mais ficávamos no local, mais opressora a atmosfera se transformava, até que fui surpreendida e tive um ataque epilético. Obviamente senti necessidade de voltar àquele lugar e encontrar algum tipo de consolo. Isso, porém, só trouxe de volta o desgaste emocional. Mesmo sem ter certeza, acredito que tenha sido uma criada, assassinada pelo homem com o bracelete de naja por defender a minha senhora. Naquela época, o método de assassinato de mulheres era através da picada de uma serpente peçonhenta e aquilo, tenho certeza absoluta, justifica meu medo de cobras.

Uma das experiências mais profundas que tive foi no dia em que minha irmã mais velha, Pat, faleceu. Tinha câncer no pâncreas e só lhe deram poucos dias de vida. Desejei muito estar com ela em seus últimos momentos e rezei para poder ficar uma semana em sua companhia. Foi exatamente o tempo que tivemos juntas.

No último dia, trouxeram a cama dela para o andar de baixo, e eu sentei-me com ela. Havia também uma enfermeira para atendê-la em qualquer necessidade. Puxei minha cadeira para bem perto da cama, a fim de que ela me escutasse e eu pudesse segurar sua mão. Contei-lhe que não havia nada a temer. Disse-lhe que a aguardavam do outro lado pessoas que a amavam, talvez até meu cachorro, Beau, um cão muito lindo que morrera alguns meses antes. Contei a ela que eu a levaria o mais longe que pudesse e, em seguida, comecei a descrever o túnel de luz que via pelos olhos da minha mente, mas também sentia como uma energia radiante ao redor de nós.

Este processo deve ter levado um tempo considerável, mas eu não tinha noção de tempo nem do mundo material. Em seguida, enquanto amanhecia, ela faleceu. Ouvi o som de seu último suspiro e soube que havia partido. Ela se foi com muita tranqüilidade. Abri meus olhos e a enfermeira disse que estava maravilhada com o que havia presenciado e desejava que eu estivesse na casa de repouso onde ela trabalhava para orientar todos os pacientes terminais durante o processo da morte.

Algumas semanas mais tarde, fui a uma reunião em uma instituição espiritualista e uma médium em treinamento, que eu não conhecia, aproximou-se de mim e disse ter uma mensagem. Descreveu a mulher que estava se comunicando por ela: era a exata imagem de Pat. Então, disse que minha irmã tinha um belo cão consigo. Era a confirmação que eu precisava para saber que Pat tinha passado para o outro lado em segurança. A médium contou-me que Pat queria agradecer pela ajuda na passagem e que eu tinha razão sobre o que iria acontecer e como era do outro lado.

Se isso não bastou para confirmar a sobrevivência depois da morte, Jill, sem dúvida, recebeu tudo aquilo de que precisava alguns anos depois.

Mais tarde minha irmã mais nova recebeu o diagnóstico de câncer terminal no pulmão. Mais uma vez, pedi aos anjos e a meus amigos espirituais a graça de ficarmos juntas por uma semana para que eu pudesse permanecer com ela em seus momentos finais e, mais uma vez, minhas preces foram atendidas. No último dia, eu lhe dava apoio em sua cadeira. Estávamos conversando, tranqüilas, quando ela começou a lutar para respirar e, quando o ataque de tosse passou, ela se voltou para mim e disse: "Deixe-me ir, não posso ficar assim". Então rezei para que fosse em paz, sem ter de enfrentar nenhum novo sofrimento. O médico garantiu que ela poderia durar mais alguns dias, uma semana no máximo. Poucas horas mais tarde, no entanto, ela se ergueu de repente e abriu os olhos. Foi algo totalmente inesperado, pois havia tomado sedativos pesados e parecia não ter mais forças. Ela estava bastante desperta e parecia ter os olhos fixos em um ponto perto do teto, como se pudesse enxergar algo ali que eu não conseguia ver. Então, ela disse, com uma surpresa agradável: "Ah, Pat! Pat está aqui", referindo-se à minha irmã mais velha, morta poucos anos antes. Perguntou se eu conseguia ver Pat, mas respondi que não, embora sentisse uma onda de tranqüilidade sobre mim. Sem dúvida alguma, havia uma presença no canto daquele quarto. E, depois, com um sorriso, minha irmã partiu. Quando o médico chegou para dar o atestado de óbito, não acreditou que ela tivesse ido tão rápido. Eu, porém, não estava surpresa. Havia pedido que os espíritos encerrassem o sofrimento dela, e foi o que fizeram.

Essa experiência de Jill parece um típico exemplo do que se denomina "visão no leito de morte", na qual, sem nenhuma explicação, os pacientes moribundos recobram a lucidez por instantes e descrevem uma luz branca e brilhante, de onde seus parentes falecidos surgem, acenando-lhes para que se unam a eles no além-mundo. Essas visões com freqüência são testemunhadas por enfermeiras e acompanhantes de pacientes que podem ter, eles mesmos, um ponto de vista cético em relação à vida após a morte, mas que se impressionam com as dramáticas mudanças ocorridas no paciente.

Isso poderia significar que, na morte, mantemos a mesma personalidade que tínhamos em vida, mas rejeitamos os medos e as preocupações que nos tornam materialistas e sem imaginação.

Jill recorda-se com carinho de um breve incidente que demonstrou que seu pai não havia perdido o senso de humor travesso quando faleceu.

> Em um dia de sol, fui à Stansted College, conhecida popularmente como "a escola mediúnica" da Inglaterra. Alguns dos melhores médiuns do país estavam concedendo orientações em diversas salas, e meus amigos e eu iniciamos nosso "passeio" pela sala principal, que estava lotada. Ficamos parados na parte de trás, quando o médium disse que precisava interromper sua demonstração, pois estava sendo literalmente importunado por um espírito que insistia em se comunicar. Era um idoso chamado Percy, morto havia vinte anos. O médium descreveu o espírito e seus hábitos, até mesmo a necessidade compulsiva de ajeitar o cabelo e o fato de não ter um dos dedos. Era meu pai! Ele perdera um

dedo em um acidente em uma fábrica, quando era mais jovem. Queria apenas me contar que estava bem e que eu tinha razão quanto ao que lhe dissera sobre o que o aguardaria do outro lado.

O mais engraçado foi que, quando assistia a uma demonstração de mediunidade por voz direta, na sala ao lado, o espírito de meu pai me disse "olá" pelo médium. Ele falou, de fato, com a voz de meu pai, a qual reconheci na mesma hora. E como se não bastasse, ele o fez de novo, usando outro médium. Tive, então, de pedir-lhe que parasse com aquilo e cedesse a vez para outros!

Não é incomum que crianças muito novas recordem-se de incidentes de uma vida anterior, ou até do instante de sua morte, pois elas ainda se consideram receptivas às impressões do "eu inconsciente" ou superior, e ainda não aprenderam a ter medo do desconhecido. Não foram condicionadas a racionalizar as próprias experiências e desprezá-las, julgando ser simples imaginação. Pelo mesmo motivo, têm uma chance maior de enxergar aparições e, em geral, manifestam naturalidade diante desse fato, em especial quando vêem parentes que faleceram. É só por volta dos 5 anos que as crianças perdem sua conexão com o outro mundo e fixam-se com mais firmeza à realidade física.

Jill recorda-se de um incidente pequeno, mas significativo, que ocorreu com seu neto Jason, então com 3 anos, algo bastante típico com crianças dessa idade.

Jason deitou-se no chão, na horizontal, e me contou, por acaso, que havia morrido daquele jeito. Devo ter demonstrado meu susto, pois ele me garantiu que não tinha sido ruim, pois era muito velho e tivera muitos filhos. Aquilo soava verdadeiro, pois ele sempre gostara de tomar conta de crianças mais novas. Então, ele disse algo curioso: que, após sua morte, ele atravessou "o portão". Eu nunca ouvira essa expressão antes. Ele, porém, não quis mais falar sobre isso, a não ser para assegurar-me de que ficou bem depois daquilo, e que agora tinha voltado. Só depois de alguns meses eu li que "através do portão" era uma expressão comum de uma certa seita cristã do norte da Inglaterra no século XIX.

Mais tarde, naquele dia, eu estava folheando um álbum de família quando Jason olhou por sobre meu ombro, apontou para meu pai em um grupo de pessoas e me disse que aquele era o homem que costumava brincar com ele, mas que não aparecia mais com tanta freqüência. Quando falei disso à minha filha, ela me contou que, geralmente, ouvia Jason conversando e rindo quando brincava e perguntava com quem ele estava conversando. O menino respondia: "Ah, é só o vovô". Aquilo era impressionante, porque o avô morrera antes de o menino ter nascido.

Viviane – conversando com os mortos

Como acontece com vários médiuns, Viviane Harbourne, nascida em Londres, foi uma criança solitária. Era tida como estranha pelos colegas de classe, pois parecia viver em um mundo próprio. Entretanto, o mundo em que ela brincava não era criado por sua imaginação.

Para mim, ver gente morta era natural. Nem ao menos reparava que estavam mortos, porque, para mim, pareciam vivos. Só mais tarde, quando prestei atenção às roupas fora de moda que vestiam, notei que eram aparições. Elas, porém, estavam vivas, no sentido de que eram personalidades reais e, por causa disso, não tinha medo delas. Fantasmas são pessoas reais que simplesmente deixaram seu corpo. Elas não andam por aí arrastando correntes e fazendo sons estranhos. Não são assustadoras, a menos que você acredite que não são naturais. Se você não acredita em vida após a morte, imagino que a aparição delas seja algo bastante desconcertante. Entretanto, eles se parecem comigo ou com você. Surgiam para me alertar que havia outros meninos nas proximidades que queriam me bater, ou dizer que eu não deveria brincar em determinado local, pois era onde haviam morrido. Lembro-me de que vi uma senhora com roupas pretas e pensei: "Por que ela está com essas roupas tão antigas?". Na infância, eu me limitava a aceitar que eram adultos que surgiam sempre que é preciso afastar as crianças de algum problema.

Viviane admite que o outro motivo de sua impopularidade era o fato de a considerarem uma "miniprofetisa de maldições".

Ninguém me queria por perto porque eu conseguia pressentir se algo ruim iria acontecer e tentava avisar. Isso, claro, só irritava as pessoas. Havia um garoto em especial, a quem os amigos e professores sempre diziam que teria sucesso, mas eu sentia que ele não iria viver muito tempo. Eu enxergava, de fato, através dele, como se não estivesse ali. Às vezes eu me sentia compelida a perambular sobre uma faixa de segurança, onde sabia que aquele garoto sofreria um acidente e, um dia, foi ali mesmo que o atropelaram e ele morreu. Depois disso, aprendi a não dizer aos outros o que sentia sobre eles.

Mesmo as experiências fora do corpo eram aceitas com a inocência natural de uma criança.

Minha primeira EFC ocorreu aos 9 anos, depois que passei algumas semanas em um hospital por causa de um vírus. Lembro-me de ter tido um sangramento no nariz e de ter utilizado muitos lenços para limpar o sangue que gotejava sobre os lençóis. Fiquei apavorada, achando que me repreenderiam por ter feito aquela sujeira na cama quando, de repente, comecei a girar e erguer-me no ar. Deve ter sido um sonho acionado pelo meu inconsciente para acompanhar a sensação de estar flutuando liberta de meu corpo. No instante seguinte, afundei em um buraco escuro e a cama estava de volta ao chão. Comecei a escalar para fora dela e, enquanto fazia isso, percebi que eu não era mais sólida e flutuava para longe do meu corpo, em direção ao teto. Alguma coisa, no entanto, impedia que eu avançasse. Conseguia olhar para baixo e ver a mim mesma deitada na cama. Dali avistei um homem que parecia ser um padre caminhando pelo corredor com divisórias de vidro em direção ao meu quarto. Ele se sentou perto da minha cama e começou a ler-me uma história. Lembro-me de que era "José e o casaco de muitas cores", e eu queria desesperadamente ouvi-la. Então, puxei com força a mim mesma de volta à terra, por um fio que me conectava a meu corpo, e voltei. Ao abrir os olhos, o padre já havia ido e as enfermeiras estavam fazendo uma confusão a meu redor, limpando o sangue. Ainda não sei se o padre era real ou um ser enviado para me trazer de volta à terra; a sensação, contudo, de me ver livre de meu corpo físico, era deliciosa e ao mesmo tempo trazia de volta a tranqüilidade. Permanece nítida e tão real para mim hoje como foi quase quarenta anos atrás.

Quando Viviane abriu-se à possessão de espíritos, obteve uma idéia de como era a dimensão de onde eles vinham.

Não vejo o paraíso como tal, mas tenho uma idéia clara de um local onde há uma sensação profunda de segurança e paz. No entanto, à medida que os espíritos assumem forma e sua personalidade anterior afirma-se, eu apenas sinto o ambiente que conheceram da última vez que se encontravam vivos, na terra. Quando voltam para o outro lado, percebo que retornaram ao esqueci-

> mento tranqüilo da escuridão. Não consigo enxergar além disso.

Muitas vezes, espera-se que os espíritos ofereçam inspirações profundas quanto à natureza da existência ou tragam um sentido de propósito aos que deixaram para trás. No entanto, com freqüência suas mensagens são comuns ou até mesmo banais, e eles falam usando generalizações suaves. Isso sugere que talvez não sejam mensageiros do paraíso, mas espíritos que se fixaram à terra vindos de um estágio transitório, no qual repousam entre os vivos. É significativo que os espíritos que se comunicam usando médiuns tenham, em geral, apenas uma geração de diferença da pessoa com a qual desejam falar. Supõe-se que os avós e os outros ancestrais já ascenderam ao nível seguinte ou reencarnaram e, portanto, não se encontram disponíveis para orientações.

> Acho que só recebemos mensagens comparativamente triviais porque ainda não somos capazes de entender nada além disso. Em nosso estágio de desenvolvimento, seria como mostrar a teoria da relatividade de Einstein a um bebê.
>
> Quando entro em transe, sinto-me afastada do que chamamos de realidade deste mundo físico. Como se eu tivesse mudado para outro nível de percepção. Depois, tenho apenas uma vaga recordação

do que foi dito. Às vezes, posso experimentar de novo a morte deles, mas a menos que tenha sido uma passagem muito calma, sinto a hesitação desses espíritos em encarar o fato e peço a meus guias que apaguem essa lembrança, para libertar essas pessoas. Em geral, saio do transe e descubro que estive chorando, mas não foram meus sentimentos que provocaram isso. Os espíritos usam-me como um recipiente para limpar-se de emoções residuais.

Em geral, se um espírito quer me usar para se comunicar, sinto a presença dele me seguindo durante horas, ou mesmo dias, antes de eu encontrar a pessoa com a qual querem fazer o contato. Posso também sentir uma fragrância associada a essa pessoa durante sua vida, um perfume predileto para uma mulher ou talvez o cheiro do tabaco no caso de um homem que fumava. Esse aroma também me ajuda a identificá-los, de modo que a pessoa viva que desejam contatar tenha uma confirmação e seja receptiva ao resto da mensagem. Quando deixo o espírito assumir o comando, é a minha voz que as pessoas ouvem. Assim, não há um sotaque particular, mas pode-se reconhecer o tipo de linguagem e a forma de falar.

Eles sempre vêm acompanhados de um de meus guias e de uma presença que chamo de "o porteiro", ficando um de cada lado meu. Posso dis-

> tinguir entre os dois guias espirituais e o falecido pela qualidade de suas energias. A primeira vez que fiquei consciente dessas duas presenças protetoras foi quando estava sendo "importunada" por um espírito que queria me dominar. Disse-lhe que não tinha a intenção de fazer aquilo por conta própria e escutei uma voz respondendo que eu não estava por conta própria.
>
> Assim que me abro para ser usada dessa maneira, não tenho a opção de acabar com isso. Mesmo no caso de um espírito perturbado, tenho de deixar a sessão encerrar naturalmente e permitir que ele se vá por vontade própria. Não posso expulsá-lo. No entanto, mesmo as personalidades mais problemáticas não me afetam. Assim que se vão, não fico mais sentindo sua presença. Nunca me senti em perigo. São só pessoas, estejam mortas ou vivas. E se elas nos causam desconforto, basta que sejamos firmes com elas.

Existem evidências experimentais de que podemos expandir nossa consciência não somente para outros locais, mas também para outros níveis de percepção, talvez até vislumbrando o futuro. Esses fenômenos podem parecer ilógicos e não-científicos. Mesmo assim, se aceitarmos que nossa mente é uma forma de energia que não está presa ao cérebro, então é possível examinar o que está por vir tão facilmente quanto recordamos o passado.

> Anos atrás, meus guias me contaram que minha vida estava prestes a mudar de modo dramático e que eu encontraria o homem que iria se tornar meu professor. Disseram-me que ele seria um construtor profissional e me mostraram vestígios do futuro. Eu vi um quarto de hotel, o que, na ocasião, não significava nada para mim. Pouco depois, conheci Mike, um construtor que acabou se tornando meu professor espiritual, conforme haviam me dito. Mais tarde, nos casamos e passamos nossa lua-de-mel em Torquay, na Austrália. Assim que entramos no quarto, reconheci que me encontrava na cena de minha visão. Nunca havia ido a Torquay. Assim, não havia como eu me lembrar de uma visita anterior àquele lugar.

Michael, o marido de Viviane, também é um médium de transe e admite não corresponder à imagem típica de um sensitivo praticante que conversa habitualmente com os espíritos de entes queridos falecidos. Construtor por profissão, ele permanece um tanto cético, apesar de ter liderado círculos de desenvolvimento mediúnico durante os últimos catorze anos, nos quais teve evidências claras da vida após a morte.

Embora sempre tivesse orgulho de ser uma pessoa com os pés no chão, vejo meu ceticismo como saudável. Ele me instiga a questionar e a buscar confirmação para tudo o que recebo dos espíritos.

Em comparação a outros médiuns, Michael abraçou a vocação mais tarde, aos 42 anos, após ter sido fortemente perturbado por dois "abalos emocionais" que o deprimiram a ponto de levá-lo a buscar tratamento espiritualista, apesar de ser contra seus princípios.

Quando cheguei à instituição, tive grande curiosidade. O médium apresentou-me provas convincentes de que meu falecido pai se encontrava comigo e, em seguida, deixou-me pasmo ao avisar que, em sete anos, eu estaria fazendo o que ele [o médium] fazia. Achei que se tratava de um gesto teatral e não dei atenção, mas ele falara a verdade. Nas semanas seguintes, passei a participar dos encontros três vezes por semana. A princípio enxergava cores, depois imagens em três dimensões e depois pares de olhos encarando-me, à medida que meu terceiro olho se abria. Por fim, comecei a receber mensagens na forma de pensamentos invasivos que eu anotava, para registrar minhas experiências.

> Ao final de uma reunião, o médium chamou-me de lado e disse que tinha visto o espírito de um médium de transe muito famoso sentado próximo a mim, e que lhe haviam contado que eu deveria ter sido médico em vez de construtor. Foi um verdadeiro choque, pois só meus familiares mais íntimos sabiam que eu tinha recebido uma oferta de uma faculdade de medicina quando mais jovem, e que recusara. Em seguida, disse que eu iria viajar para os Estados Unidos dali a três anos, e que essa viagem seria importante, não apenas um passeio de férias. Mais uma vez ele tinha razão. Quase três anos depois, fui convidado a visitar alguém nos Estados Unidos, algo que seria importante para minha vida, e não era uma viagem que eu poderia ter organizado ou previsto. Aquilo me dizia que existem estágios fundamentais, como pontos de partida, que precisamos alcançar na vida, mas que podemos exercitar nosso livre-arbítrio durante as etapas intermediárias.

Espíritos desencarnados não são os únicos habitantes dos mundos além do nosso, ao que parece. Há também outras entidades. Em diversas ocasiões, vários médiuns disseram a Michael que ele tinha como guia um indígena que ficava atrás dele, e cada um descrevia o guia exatamente da mesma maneira. Ele, contudo, mantinha seu ceticismo teimoso até certa vez em que, como se respondendo às suas dúvidas, sentiu um forte golpe na nuca e experimentou algo tomando seu corpo.

> Não tive medo, porque não era mais eu. Eu era o indígena, e estava fazendo encantamentos e falando com a voz dele. Tinha plena consciência de ter sido possuído e continuava pensando: "Ele nunca mais vai embora", mas depois de cinco minutos ou mais (embora parecesse muito mais tempo), senti outro golpe na nuca e o indígena se foi. A partir de então venho sendo um canal para guias espirituais chineses e outros.
>
> Agora, meus guias comparecem a todas as reuniões de nosso círculo, mas eu nunca os chamo pelo nome, pois creio que, se fizer isso, posso estar idealizando-os de forma inconsciente conforme minha imaginação. Então, limito-me a ficar aberto à manifestação deles.

Linha direta com o paraíso

Um dos médiuns espirituais mais respeitados e conhecidos no mundo hoje em dia é o norte-americano James Van Praagh, auto do *best-seller Conversando com os Espíritos* (Editora Sextante) e apresentador de um programa de televisão transmitido mundialmente. Nesse programa, Van Praagh apresentava evidências surpreendentes da vida após a morte aos convidados do estúdio, que confirmavam praticamente tudo o que ele lhes dizia sobre a vida de seus entes e as circunstâncias nas quais faleceram. Às vezes um espírito desencarnado identificava a pessoa responsável por sua morte precoce, o que era depois verificado pela polícia, ou revelava um fato sobre o qual a família nada sabia – e, mais uma vez, essas novas informações eram confirmadas. Com freqüência, os detalhes da morte eram angustiantes, mas com a mesma regularidade a mensagem reafirmava que os parentes que sobreviveram deveriam seguir em frente e desfrutar de sua vida. Não importava, porém, o quanto a mensagem fosse tocante, ele sempre a transmitia sem preconceitos e com sensibilidade e compaixão. Se existe alguém que possa convencer um cético sobre a existência de vida após a morte, essa pessoa é James Van Praagh. Ele descobriu seus dons intuitivos quando criança ao prever, acertadamente, que um dos filhos de sua professora iria quebrar uma perna em um acidente de carro, mas iria sobreviver. Claro que a pobre mulher não recebeu a notícia com alegria, mas demonstrou uma estranha calma quando a profecia se mostrou exata. Em entrevista ao jornal *The New York Times*, Van Praagh contou o seguinte:

> Somos todos como estações de rádio, transmitindo e recebendo ondas. Televisões, rádios e celulares enviam ondas através do ar, e, mesmo não enxergando esse ar, conseguimos receber uma imagem e captar um som. É a mesma coisa. Não sei por que é tão difícil as pessoas acreditarem nisso.

Os guias espirituais de Van Praagh dizem que, pela qualidade da energia, ele pode sentir se está se comunicando com uma alma antiga ou com outra que acaba de falecer. Disseram-lhe que existem muitos níveis de paraíso e que gravitamos na camada que criamos por nossos pensamentos, palavras e atitudes durante nossa existência física.

> Alguns indivíduos permanecem ligados ao plano físico, pois têm assuntos pendentes por aqui, ou não perceberam a própria morte, ou nem acreditam em vida depois da morte. No mundo físico, estamos todos na mesma inserção. No mundo espiritual, entretanto, você vai ao nível que criou com base em seus pensamentos, suas palavras, suas atitudes e em como tratou as pessoas. Quase como se criasse o próprio paraíso ou inferno com base em como viveu aqui na terra. Há também casos nos quais os falecidos mantêm seus preconceitos quan-

to à morte, mesmo estando mortos, e por isso não tomam consciência do fato. Eu digo a essas pessoas: "Você já morreu", e elas insistem: "Não, não morri. Ainda estou vivo". A experiência delas não combina com seu sistema de crenças. Ainda persistem naquele hábito.

Mas será que essa confusão é temporária?

Sem dúvida. Mas, se já é difícil mudar a mente de alguém que está vivo e é teimoso, ou inflexível, imagine como é do outro lado. De certa forma, é mais fácil mudar aqui do que lá. Isso vale também para hábitos e vícios. É mais fácil mudar um costume aqui do que lá, pois o mundo espiritual é bastante mental. Se, porém, as pessoas estão abertas a mudar sua compreensão, pode acontecer... Existe, sim, muito medo no mundo. Uma de minhas funções é aliviar o medo da morte.

8 Reencarnação e regressão de vidas passadas

Nascer não é um começo;
morrer não é um fim.
Chuang Zu

O general norte-americano George S. Patton orgulhava-se de ser um homem prático e sincero, que não tolerava os insensatos. Entretanto, em dezembro de 1917, o militar, então com 22 anos, chegou à cidade francesa de Langres a fim de assumir seu posto como instrutor de tanques e surpreendeu o oficial local ao recusar sua oferta de um passeio pela cidade.

– Não é preciso – explicou Patton, com um sorriso enigmático. – Eu conheço a cidade muito bem.

Patton acompanhou o oficial por um passeio por um antigo acampamento romano do qual, afirmava, se lembrava de uma vida passada, como legionário. Mostrou o anfiteatro, os templos, o campo de manobras, o fórum e o local onde Júlio César posicionou suas tropas.

Com sua forte crença na reencarnação, Patton creditou sua genialidade tática e seu sucesso militar na Segunda Guerra Mundial às experiências de vidas passadas em várias batalhas históricas. Ao ser cumprimentado por suas vitórias no norte da África por um general britânico, que observou que Patton teria sido um marechal e tanto no exército de Napoleão, respondeu de forma casual: "Mas eu fui".

A crença na reencarnação e na transmigração das almas é quase universal e antecede todas as religiões do mundo. Várias culturas primitivas preparavam os mortos de uma maneira que confirma a crença no renascimento. Muitas tribos do Período Neolítico (entre 10000 e 5000 a.C.), por exemplo, enterravam seus mortos na posição fetal, antevendo o renascimento.

Existe também, no continente australiano, um povo que evita matar peixes e certos animais, acreditando que estes podem ser seus antepassados reencarnados. Há ainda, na África, uma cultura que defende a crença de que a alma imortal, animada por uma centelha divina, reencarna seguidamente, até um ponto de evolução em que se une com a fonte e não reencarna mais.

O caso curioso dos cátaros

No ano 533, a Igreja cristã decretou que a crença na reencarnação era uma heresia, mas muitos católicos descontentes se mostraram contra essa determinação ao longo da Idade Média. Os mais combativos eram os cátaros (que significa "os purificados", em grego), que foram perseguidos por um papa cujo título irônico era Inocêncio III e foram forçados, em 1243, a buscar refúgio atrás das muralhas de uma fortaleza em Montségur, nos montes Pirineus, no território da França. Após um cerco de um ano, os 210 sobreviventes foram levados perante a Inquisição e torturados para que renunciassem a suas crenças. Todos se recusaram e acabaram queimados em praça pública.

O destino dos cátaros teria sido uma nota de rodapé na História não fossem os pesadelos de uma dona de casa inglesa, mais de setecentos anos depois. Seu testemunho permanece como o argumento mais persuasivo até hoje sobre a existência da "alma-grupo", uma família de almas afins que reencarnaram juntas para ajudarem-se mutuamente a evoluir por meio de suas experiências partilhadas.

Em 1962, essa senhora consultou-se com o psiquiatra Arthur Guirdham, reclamando de dores de cabeça fortes e pesadelos recorrentes. Um fato curioso é que o doutor Guirdham sofria havia anos com um pesadelo semelhante, que começava com um homem entrando em uma sala na qual ele ficaria aprisionado. Depois do primeiro encontro, médico e paciente não foram mais atormentados por aqueles pesadelos.

Outras "coincidências" despertaram o interesse do terapeuta. Tanto ele quanto a paciente ficavam ao mesmo tempo fascinados e perturbados com qualquer menção a Montségur, que haviam visitado em separado, em ocasiões em que nenhum deles sabia da história envolvendo o local. Além disso, quando estava lá, a mulher era arrebatada pela sensação de já ter estado ali antes e sabia percorrer as redondezas sem um mapa.

Ao ser hipnotizada, ela revelou conhecimentos minuciosos sobre a seita dos cátaros que apenas especialistas conheceriam. Na verdade, alguns dos pormenores que forneceu contradiziam as histórias oficiais, mas, posteriormente, descobriu-se que estavam corretos. Além disso, quando adolescente, ela chegou a escrever poemas em um dialeto falado no sul da França durante a Idade Média.

Enquanto o doutor Guirdham tratava de sua paciente, teve contato com mais oito indivíduos que, por acaso, demonstraram interesse por aquela região e, posteriormente, lembravam-se de uma vida anterior como cátaros. As circunstâncias curiosas sob as quais ele os conheceu convenceram o psiquiatra de que estavam predestinados a isso. O primeiro deles era um oficial da Real Força Aérea britânica, homem prático que havia escalado Montségur ainda sem conhecer essa história. Na ocasião, o oficial foi dominado por uma sensação de grande enjôo e uma convicção de que naquele local havia ocorrido um banho de sangue.

Sob a supervisão do doutor Guirdham, o grupo passou por sessões coletivas de regressão, que revelaram particularidades adicionais sobre a vida que tiveram juntos em Montségur, incluindo detalhes que, mais uma vez, contradiziam informações oficiais sobre aquele período, mas que foram confirmados mais tarde. Em seguida, no aniversário de seu martírio, vários membros alegaram sentir dores físicas e outros apresentavam bolhas, como se a pele tivesse sido queimada.

O doutor não era um homem dado a fantasias. Tinha um imenso orgulho de sua reputação e de sua postura profissional. Também apresentava uma natureza metódica e mantinha um saudável ceticismo até poder comprovar ou negar os fatos de forma satisfatória. Sabia que precisava convencer a si próprio de que aquilo era possível antes de publicar seu caso. Tomado de um zelo quase fanático, o psiquiatra pesquisou o período e fez com que cada detalhe do testemunho de sua paciente fosse rigorosamente examinado por duas autoridades especialistas no período: o professor René Nelli e Jean Duvernoy. Após anos de investigação meticulosa, concluíram que o testemunho tinha, em essência e resumidamente, uma exatidão absoluta e inquestionável do ponto de vista histórico.

Lendo o inconsciente coletivo

Karin Page, terapeuta alemã, descreve o que vê e experimenta ao ler a matriz universal de energias mentais que rege a vida de seus clientes. O estudioso suíço Carl Gustav Jung denominou essa matriz de inconsciente coletivo.

> Começo investigando a aura, a radiação de energia etérea ao redor do corpo. Com freqüência vejo cenas de vidas anteriores como impressões nítidas, como se partilhasse suas lembranças, ou então pode surgir um guia que me conduz a uma recordação de vidas passadas. Ainda que os traços de meu cliente sejam diferentes, a personalidade e as características físicas mostram uma semelhança notável. Em geral vejo uma transfiguração à medida que o rosto do "eu" antigo se sobrepõe aos traços do presente. Quase sempre é uma cena significativa; raras vezes um incidente trivial ou rotineiro, e mesmo se não enxergo sua importância, meu cliente diz: "Agora entendo por que isso e aquilo vêm acontecendo comigo" ou "Isso explica por que a vida toda senti medo de tal coisa".

Karin também experimentou os benefícios da regressão.

> Costumava sofrer de fortes enxaquecas até que uma regressão revelou a origem de minhas dores de cabeça. Descobri que vivia na Escandinávia e era a jovem esposa de um taberneiro grosseirão, e meu único prazer era cavalgar. Durante a hipnose, vi-me andando em um belo cavalo branco e sentia o regozijo e a liberdade que experimentava naquela época. Então o cavalo empinou e eu caí, batendo a cabeça em um dos barris de malte no terreno, o que causou minha morte. Depois dessa sessão, nunca mais tive dores de cabeça.
>
> A regressão também me ajudou a descobrir minha conexão com outras pessoas e por que eu tinha essa necessidade de procurá-las nesta vida. Aprendi até o motivo de minha compulsão por manter uma despensa cheia de alimentos. Parece que fui uma garota indiana pobre, enforcada por uma multidão porque roubei comida para meus sete irmãos e irmãs que passavam fome. É curioso notar que, quando nasci, na encarnação atual, o cordão umbilical enrolou-se em meu pescoço e eu estava sufocando. Os médicos conseguiram me reviver, mas durante anos a fio eu tive uma cicatriz de estrangulamento ao redor do pescoço.

Os céticos podem alegar que tais "lembranças" são apenas distorções simbólicas de um nascimento traumático. Essas teorias, porém, não explicam outras coincidências ainda mais extraordinárias.

Karin recorda-se ainda de uma vida em que era um noviço em Colônia, Alemanha, na época medieval.

Morri em um incêndio e presenciei a tentativa inútil do abade de me salvar. Identifiquei-o imediatamente como alguém que conhecia em minha encarnação atual: um vidente sem ligação comigo contara a um amigo que, em outra vida, ele tinha sido um abade em Colônia. Era a confirmação de que precisava, embora, quando repetimos uma experiência de vida passada, saibamos, por intuição, no fundo de nosso ser, se isso é ou não verdade. Não preciso da aprovação de um cientista para me convencer da validade de minha experiência.

Talvez a história de vida passada mais espetacular de Karin esteja relacionada à sua ligação com Stephen Turoff, um cirurgião mediúnico de renome. Turoff afirma que seus milagrosos poderes de cura se devem a seu guia desencarnado, o doutor Kahn, famoso cirurgião vienense do século XIX.

Fui buscar tratamento com Stephen muitos anos atrás. Na época, ele trabalhava em transe e deixou que o doutor Kahn controlasse seu corpo, guiasse suas mãos e falasse através dele. A transformação física de um gigante gentil de 1,83 metros em um médico idoso e recurvado foi impressionante. Por intermédio de Stephen, o doutor Kahn contou-me que esteve me procurando desde que eu era criança, e que eu logo compreenderia a importância do que ele disse. Mais tarde, descobri, durante a meditação, que tive uma vida anterior em Viena, como a esposa de um estudante de medicina que vivia na pobreza e tentou fazer o parto do próprio filho em casa. Eu, contudo, morrera no parto e, enquanto perecia, avistei-o de joelhos chorando e prometendo ser o melhor médico de toda a Europa, para que nenhuma mãe tivesse de morrer durante o parto, como eu. Ele [meu marido, o estudante] era o filho do doutor Kahn e nosso bebê voltou a mim, nesta vida, como meu filho. Assim, aprendi que não perdemos nada, nem ninguém. A separação e o sofrimento são só temporários. Nosso amor assegura que nos encontraremos de novo.

Uma regressão de vidas passadas

Aurora, uma assistente social residente no Reino Unido, sempre desconfiou que ela e o marido partilharam várias vidas. No entanto, ela somente obteve a confirmação necessária depois que concordou em fazer uma regressão psíquica.

Meu marido e eu temos uma ligação fora do normal, algo além de simples compatibilidade. Eu, porém, queria saber os detalhes, por isso consultei uma vidente recomendada por uma amiga. Para mim era importante encontrar uma pessoa íntegra, em quem eu pudesse confiar, pois era algo sagrado para mim, não uma coisa que eu estava fazendo por curiosidade, para passar o tempo.

Aurora fez a regressão com a vidente, e ambas compartilharam as mesmas visões.

Aquilo foi extraordinário. Ela via o que eu via. Não me conduzia como um hipnotizador; estava descrevendo coisas na cena que eu não mencionara, como se ficasse atrás de mim. Não se limitava a me conduzir.

Na mesma hora reconheci e identifiquei cada uma das personalidades que ela descrevia. Era como abrir um livro e revelar o sentido divino por trás de tudo o que havia acontecido comigo. Todas as minhas vidas tinham um propósito e agora eu sei como me tornei a pessoa que sou hoje.

No entanto, mesmo sabendo que meu marido é minha alma gêmea, isso não quer dizer que todas as nossas vidas em comum foram felizes. Em uma delas, ele era um lorde, muito mais velho do que eu. Eu amava outro homem, mas fui obrigada a casar-me com ele contra minha vontade. Essa história acabou de forma violenta para todos nós.

A vidente que fez a regressão de Aurora se oferece para fazer pinturas da aparência de seus clientes em suas vidas passadas. Aurora observa:

Existe algo de mim em todas elas. Embora ela tenha me representado como um homem ou como uma mulher, havia algo que eu reconhecia nos olhos. Não é de se estranhar quando dizem que os olhos são as janelas da alma.

A regressão me fez perceber que não se pode ser uma pessoa completa a menos que você enfrente seu lado sombrio. Mas mesmo em nossas vidas mais sombrias existe um propósito. Durante uma das sessões de regressão, descobri que tinha sido um marinheiro no início do século XVIII e era mau até os ossos por ter sofrido violências e abusos na infância. Então, eu tinha um ressentimento contra o mundo. Não é uma desculpa, embora demonstre que as circunstâncias podem determinar nosso caráter e influenciar nossas ações, mesmo se tivermos uma alma pura. Também ajudou a explicar a origem de dores repetidas no peito, das quais sofri regularmente por muitos anos. Victor, o marinheiro, tinha sido apunhalado no peito, e essas dores eram sintomas físicos de um ferimento que foi mais fundo do que o plano físico. Estava me perturbando, de verdade, para que eu reconhecesse aquele aspecto em mim mesma, sem negá-lo. Assim que fiz isso, a dor se foi. Revelar esse tipo de fato desagradável sobre si mesmo ensina a não julgar as pessoas de forma tão precipitada e a não ser tão duro consigo próprio. Podem lhe dizer para ter mais tolerância e compaixão, mas isso não terá nenhum efeito real até que você experimente como é estar no lado sombrio.

Falsas memórias

Se a memória é uma função puramente física do cérebro, como afirmam os cientistas, de que maneira se explica a recordação das impressões de uma vida passada?

Até conseguirmos responder a essa pergunta básica, a veracidade da regressão de vidas passadas não pode ser comprovada de modo conclusivo, e as evidências contra e a favor são confundidas por teorias conflitantes. Felizmente, as leis do universo funcionam sem depender da confirmação da ciência.

Hoje em dia tudo o que sabemos ao certo é que temos memórias de curto e de longo prazo. As primeiras são temporárias e passíveis de suspensão; as últimas provocam uma mudança física permanente no tecido cerebral, ao afetar o crescimento das células nervosas chamadas microneurônios. Comprovou-se que os padrões da memória de longo prazo duram até cem anos e podem sobreviver a choques, anestésicos e até a congelamentos.

Diante dessa constatação, torna-se possível até mesmo recuperar uma lembrança de algo sobre o qual alguém não tem consciência por meio de estímulos eletrônicos de uma parte específica do cérebro. Tal fenômeno foi descoberto nos anos 1960 pelo doutor Wilder Penfield, neurologista dos Estados Unidos capaz de operar o cérebro de pacientes em estado de consciência, pois não existem receptores de dor no órgão. Nenhuma das impressões recuperadas originava-se de vidas anteriores dos pacientes, pois o cérebro só consegue armazenar estímulos que processou, enquanto as lembranças de vidas passadas são gravadas no inconsciente, que é a essência imortal e não-física de nosso ser.

Essa capacidade do cérebro de guardar impressões sensoriais das quais o indivíduo não tem consciência é denominada “criptomnésia” e geralmente é mencionada como evidência para apoiar a existência da reencarnação. Argumenta-se que é impossível saber ao certo se a memória sobre uma vida passada é verdadeira ou confundiu-se com um incidente esquecido na vida presente.

No entanto, embora devêssemos sempre ter consciência de que nossas memórias de vidas passadas podem ter-se originado inconscientemente de algum fato, a criptomnésia não explica como é possível algumas pessoas, sob estado hipnótico, falarem em um idioma que jamais aprenderam ou mostrar talentos que não desenvolveram na vida atual.

Hipnose e o poder da sugestão

Apesar de ser utilizado com freqüência nos estudos sobre a reencarnação, o método da hipnose também apresenta seus limites. Mesmo aqueles que acreditam fervorosamente na regressão de vidas passadas admitem que a hipnose não é a forma mais confiável de reunir evidências. Durante um transe, as pessoas não apenas estão abertas a sugestões do terapeuta como podem cair na armadilha da auto-ilusão. Os críticos em geral mencionam uma série de estudos de caso liderados, nos anos 1960, pelo psiquiatra finlandês Reima Kampman, que parece desacreditar todas as supostas recordações de vidas passadas conseguidas por meio da hipnose.

No entanto, se as experiências do doutor Kampman revelam que os indivíduos podem adotar involuntariamente a história de outros como se fossem as deles, elas também podem confirmar nossa capacidade de recordar os incidentes aparentemente mais insignificantes, enterrados no fundo de nosso inconsciente. E se isso for mesmo verdade, reforça, em vez de enfraquecer, os argumentos a favor da regressão de vidas passadas.

Kampman selecionou voluntários dentre os estudantes mais talentosos das escolas secundárias. Entre eles, uma garota de 15 anos que se lembrava de uma vida passada como menino. Ao ser hipnotizada, ela conseguiu dar o nome do menino, o nome do pai dele (Aitmatov) e seu emprego (capitão de navio). No entanto, o testemunho mais convincente foi a descrição que deu da vida solitária do garoto, seus sentimentos em relação ao pai e os pormenores de sua morte, afogado no lago Issykjokul, na Rússia. Depois que ela retornou à consciência, não se lembrava de nada de sua vida anterior. Até então, este se mostrava o caso mais convincente de recordação de uma vida passada já registrado.

Numa sessão posterior o doutor Kampman realizou outra regressão com a garota e perguntou-lhe onde ela tinha ouvido falar sobre o garoto e seu pai pela primeira vez. Então a verdade foi revelada. Muitos anos antes, ela tinha lido um romance chamado *O Navio Branco* (Tchinguiz Aitmatov, Editora Brasiliense), cuja ação se passava perto do lago Issykjokul e protagonizado por um garotinho solitário que se afogava em circunstâncias semelhantes. O nome do escritor é Aitmatov.

O doutor Kampman concluiu que, naquele caso, a pessoa havia, inconscientemente, adotado uma segunda personalidade. Embora não conseguisse se lembrar de ter lido a história na qual se basearam suas fantasias, a garota assimilou-as tanto em nível intelectual quanto emocional e convenceu a si mesma de ter vivido a vida sobre a qual apenas tinha lido a respeito.

Um exemplo ainda mais extraordinário foi o de uma jovem de 19 anos que deu pormenores elaborados sobre sua vida como filha de um taberneiro inglês durante o século XIII. Para espanto do doutor Kampman, durante a hipnose ela começou a cantar uma música popular daquela época. Mais uma vez, ela não se lembrava de sua vida anterior, nem da canção, após ter sido trazida ao estado de consciência. Uma pesquisa posterior identificou as músicas e confirmou que a língua em que cantara era, de fato, inglês medieval. Quando Kampman fez com que ela regredisse pela segunda vez e perguntou-lhe onde havia escutado aquela canção, ela se recordou do dia em que passou os olhos por um livro de história da música. Com base nessa descrição, Kampman conseguiu encontrar o livro e confirmar que o som estava incluído nessa descrição, elaborado em uma forma simplificada de inglês medieval, língua nunca estudada por sua paciente.

Reencarnação – perguntas mais freqüentes

Durante minha meditação em grupo e em oficinas de desenvolvimento mediúnico, fazem-me com freqüência as mesmas perguntas sobre vidas passadas e reencarnação. Talvez este seja o momento mais adequado para trazer à tona esse assunto e esclarecer alguns conceitos populares e errôneos.

Por que é necessário reencarnar?

Apenas experimentando a variedade completa da vida na Terra e interagindo uns com os outros podemos evoluir como indivíduos e, de forma coletiva, como espécie. Vendo a nós mesmos da maneira como os outros nos enxergam, acabamos por conhecer nossa real natureza e nos conscientizamos de nosso potencial. Enquanto nos encontramos no reino espiritual, entre vidas, não podemos influir no curso da vida na Terra. Ao assumirmos uma forma física, podemos trabalhar para tornar o mundo mais semelhante ao paraíso celestial, do qual viemos.

O que acontece com a alma se ocorre um aborto ou a criança morre muito cedo?

A alma simplesmente volta aos domínios superiores e aguarda outra oportunidade para reencarnar. Em geral, a alma volta aos mesmos pais se eles conseguem gerar outro filho, e pode reter a memória de sua vida breve caso tenha morrido muito cedo. Houve casos de crianças nascidas após a morte de irmãos que descreviam a vida da outra criança como se tivesse sido sua própria.

Acredita-se que, enquanto o embrião está no útero, a alma que está chegando não se encontra plenamente integrada e não se compromete com a vida até o primeiro sopro depois do nascimento. Abortos podem ter uma causa puramente física, mas há também a possibilidade de que a alma que está chegando decida que não era a hora certa para encarnar.

Posso escolher as circunstâncias de minha próxima encarnação?

Sim. Seu nível de desenvolvimento espiritual determina sua próxima encarnação, pois só você pode decidir de que lições e experiências vai precisar na próxima vida e quais serão as pessoas que o ajudarão a resolver seus débitos de existências anteriores. Seu "eu superior" sabe a diferença entre o que você quer e aquilo de que você necessita para crescer e realizar seu potencial. Sabe das suas experiências de vidas anteriores e em quais aspectos você precisa adquirir mais esclarecimento e compreensão. Caso seja capaz de definir as circunstâncias de sua próxima existência, talvez você a torne confortável para si mesmo. Infelizmente, uma vida sem dificuldades não nos ensina nada. É possível que você escolha uma vida em que todos os seus desejos sejam realizados, mas a única lição provável de uma existência dessas é a de que as posses não trazem felicidade.

Eu sempre terei o mesmo sexo?

As evidências sugerem que experimentamos encarnações masculinas e femininas, embora possamos ter uma longa série de vidas com um único sexo. A alma transcende os gêneros, que são puramente um aspecto físico da natureza, mas precisa se integrar com o que consideramos características masculinas e femininas para que se torne um ser plenamente bem-sucedido.

É seguro investigar vidas passadas com crianças?

Não, pois as crianças não são maduras o bastante e podem ser facilmente perturbadas por imagens que venham a aparecer durante exercícios de regressão ou visualização. Elas nem sempre conseguem determinar o que é real e o que é imaginário e muitas são incapazes de assimilar determinados sentimentos e imagens, por causa de sua pouca experiência e compreensão. A regressão pode incutir medo em uma criança, deixando-a impossibilitada de se expressar ou introduzindo-a em um contexto com o qual ela não sabe lidar. Em geral, porém, uma criança irá ceder de bom grado informações sobre uma vida anterior de forma casual, e isso deve ser aceito com a mesma naturalidade com a qual é fornecido. Não há problema em usar de gentileza para extrair mais dados, para determinar se a história é real ou uma fantasia. Não se deve, entretanto, deixar que a criança perceba o incomum do assunto, ou ela pode começar a nos fornecer o que acha que queremos ouvir, invalidando quaisquer memórias genuínas que possa ter tido.

Preciso reencarnar pelo menos uma vez em cada cultura e país do mundo?

Não existe uma lei universal que declare que temos de experimentar cada forma de vida ou habitar em cada país do planeta. Você define quais são as experiências necessárias, e é provável que elas abranjam vidas entre pessoas de diferentes etnias, religiões e culturas.

Quanto tempo tenho de esperar entre as vidas?

Novamente, isso é determinado pelas suas necessidades. Caso tenha vivido uma existência longa e árdua, precisará de mais tempo para se recuperar e assimilar suas experiências do que se morrer jovem e precisar terminar aquilo que começou. Os que morrem na infância podem optar pela volta poucos anos mais tarde, freqüentemente com os mesmos pais, enquanto adultos podem precisar, entre uma vida e outra, do mesmo tempo em anos que tiveram na terra. Se a vida é um ciclo, como crê a filosofia oriental, seria lógico que o tempo transcorrido entre as vidas fosse comparável ao período em anos suportados na Terra.

E se eu descobrir que cometi algo terrível em uma vida passada?

Não há motivos para sentir-se culpado por ter feito algo do qual não se tem conhecimento consciente, do qual não há provas de seu envolvimento pessoal. É bem provável que todos na Terra tenham feito alguma coisa ruim em uma ou outra ocasião, nesta vida ou em outra. As conseqüências de tais ações são regidas pelo *karma*, a lei universal de causa e efeito, que procura restaurar o equilíbrio. Não existem elementos de juízo ou castigo envolvidos. Em vez disso, a vida nos apresenta oportunidades para corrigir qualquer erro que possamos ter cometido. Quanto a esta encarnação, se não prejudicamos ninguém e agimos de acordo com nossa consciência, não há nada do que se envergonhar.

Sentimos dor ou ficamos sentimentais ao rever um incidente violento ou incômodo de uma vida passada?

Em geral somos observadores afastados de nosso "eu anterior" durante o estado de regressão hipnótica. Em casos muito raros, pode-se reviver o momento crucial, a fim de se retirar um bloqueio de memória ou emocional provocado pela repressão dessa lembrança. Nesses casos, um terapeuta de regressão profissional e experiente é capaz de conduzir a pessoa pela recordação sem efeitos prejudiciais nem duradouros.

O que acontece se eu presenciar minha morte?

Novamente, na maior parte dos casos, somos observadores distanciados da cena. A emoção mais intensa que alguém sente é uma curiosidade muito forte. Se, porém, houver uma perturbação emocional, entregue-se a ela, pois sem dúvida ela precisa ser esclarecida.

Que devo fazer se, durante uma regressão, descobrir que tenho uma alma gêmea? Abandonar meu cônjuge?

Supondo que você escolheu seu atual cônjuge por existir um elo emocional entre vocês, e supondo também que você não se encontra em um estado de infelicidade profunda, não se pode assumir ou romper um relacionamento de acordo com as orientações de um médium ou de um terapeuta de regressões. Só nós podemos decidir se o relacionamento vale ou não a pena.

O conceito popular e errôneo é de que uma alma gêmea é nosso companheiro perfeito e que, sem essa pessoa, estamos incompletos. Na verdade, em geral é desastroso para as almas gêmeas terem um relacionamento amoroso, pois são muito semelhantes e é improvável que construam um relacionamento produtivo. O parceiro ideal é alguém que consideremos compatível, mas não perfeito, para que possamos crescer juntos no dar e receber de um relacionamento verdadeiro.

O que ocorre entre uma vida e outra? Vou me lembrar disso também?

A crença em um paraíso celestial é comum em todas as culturas, antigas e modernas, talvez porque exista algum fundamento real para ela. Descrições contemporâneas do estado celestial, cedidas por gente que passou por uma experiência de quase-morte, apresentam uma notável consistência de substância e detalhes, apesar de tais indivíduos apresentarem culturas, históricos e crenças diferentes. Essas pessoas descrevem sua saída do corpo, o momento em que são levadas por um túnel de luz e sua chegada a um paraíso bucólico, cujas cores são mais vivas do que as da Terra. Lá, a sensação de tranqüilidade é tão agradável que elas hesitam em voltar. Essas histórias podem parecer boas demais para serem verdadeiras, mas, talvez, se você pensar que não se trata de um lugar e sim de um estado de existência, então, quem sabe, pareça menos fantasioso. Por essa razão é provável que você não consiga se lembrar de nada do estado entre as vidas.

Posso reencarnar em outro planeta?

Existem pessoas que alegam ter "canalizado" informações de extraterrestres e de formas de vida superiores e desencarnadas, fornecendo a confirmação de que há vida humanóide em outros sistemas solares. A canalização, entretanto, é uma atividade bastante questionável. Muito pouco resultado foi obtido por meio de canalizadores, a não ser alertas apocalípticos vagos e sermões sobre por que deveríamos ser todos gentis uns com os outros, sugerindo que a fonte de tais pregações está bem longe de casa. Há quem creia ter lembranças de vidas passadas em outros planetas. Novamente, no entanto, essas descrições parecem fantasiosas e idealizadas ao extremo. Suspeita-se que sejam uma forma que alguns indivíduos utilizam para chamar atenção sobre si.

Claro que pode haver vida em outros planetas, mas é possível que não seja de nenhuma forma que possamos reconhecer. Seria improvável recordar desses seres em termos tão próximos dos clichês de ficção científica que chegam a ser suspeitos.

Os animais reencarnam? É possível que eu seja um animal em minha próxima vida?

Todas as formas de vida animal superiores demonstram inteligência em níveis variados, o que indica terem uma alma e, portanto, capacidade de reencarnar, em teoria. Instinto e inteligência, contudo, não são iguais à consciência, pois esta envolve um grau de percepção de si mesmo que os animais não têm, o que significa que são destituídos de livre-arbítrio para ter a opção de reencarnar.

Caso você experimente a vida como um animal em uma regressão, provavelmente é um simbolismo de sua conexão com o aspecto animal de sua psique (ou seja, aptidão, curiosidade, mobilidade, vigor, necessidades sociais e instintos). É possível que tenhamos essas características porque tivemos uma vida na forma animal, pois atravessamos os vários níveis da vida de modo que evoluímos, mas assim que nos tornamos seres humanos conscientes não podemos regredir na cadeia evolutiva.

Os budistas acreditam ser possível que seres humanos reencarnem como animais. Mas não seria natural para uma mente humana ocupar uma forma de vida menos complexa, o que iria contra as leis universais da evolução.

9 Exercícios de percepção

Atenção: os exercícios deste livro têm como intenção o relaxamento e o aumento da percepção de nós mesmos. Contudo, se você experimentou recentemente problemas de cunho mental ou emocional, ou estiver tomando remédios, procure orientações médicas antes de praticar a meditação por conta própria. O autor e a editora não se responsabilizam por nenhum dano causado por ou a qualquer pessoa em conseqüência do uso errôneo destes exercícios.

Não acreditem em nada que dependa somente da autoridade de seus mestres e sacerdotes. Depois de investigar, acreditem naquilo que vocês mesmos testaram e acharam sensato, e que é para seu bem e para o bem de outros.

Buda, Kalama Sutta

Uma nota sobre os exercícios de percepção

Apesar da riqueza que as evidências experimentais podem oferecer, talvez seja difícil aceitar a existência do corpo de sonho e dos fenômenos a ele relacionados, a menos que se tenha experimentado pessoalmente esses estados elevados de percepção. Os exercícios seguintes trazem a oportunidade de atingirmos esses estados alterados de acordo com a vontade do praticante e em etapas progressivas e seguras, a começar pela meditação básica e pelas técnicas de visualização, ampliando a percepção a fim de se sentir e enxergar a aura, ou o campo de energia etérea, culminando com a mediunidade básica e um exercício elaborado para induzir uma experiência fora do corpo. Não é possível, nem seria desejável, induzir uma experiência de quase-morte, mas se você tiver paciência e praticar os exercícios com regularidade, desenvolverá sua capacidade natural latente de expandir sua percepção além da dimensão física e investigar os mundos interior e superior.

Como adquirir o hábito

O primeiro estágio, possivelmente o mais difícil, é adquirir o hábito de sentar-se, aquietar-se e ficar em meditação silenciosa. No ocidente, fomos condicionados a acreditar que o relaxamento é algo improdutivo e permissivo, mas na verdade o que ocorre é o oposto. Temos necessidade de parar por instantes e cultivar um espaço sagrado, no qual possamos obter paz de espírito e sensação de bem-estar. Como alguém disse certa vez, se não arranjarmos tempo para meditação agora, teremos bastante tempo para refletir, mais tarde, sobre uma vida desperdiçada e sobre as doenças.

De início, você talvez encontre certa resistência interior, pois o ego, ou a criança interior, como às vezes é chamado, nos lembra de todas as coisas agradáveis que poderíamos estar fazendo em vez de nos aquietarmos. Seu pai interior, por sua vez, ficará se queixando a respeito das obrigações que precisam ser feitas e tentará convencê-lo de que não existe valor real na meditação. Aprenda a ignorar os dois e você se tornará uma pessoa mais eficiente e mais fácil de conviver e, com o tempo, a meditação se transformará numa mania agradável. Ambas as vozes incessantes irão recuar, deixando que a voz de seu "eu superior" seja, enfim, ouvida. Então, você estará receptivo a orientações que valerão mais do que qualquer coisa oferecida por um guru material.

A segunda etapa é instituir uma rotina regular, em vez de esperar por um momento conveniente, porque sempre existirá algo que pareça ter mais urgência do que a meditação. De dez a vinte minutos por dia, duas vezes ao dia, a primeira coisa a fazer de manhã e a última à noite, é tudo de que você irá necessitar para solucionar seus problemas mais complicados, livrar-se de qualquer sensação desconfortável do dia e curar sua mente, seu corpo e seu espírito. Não caia, porém, na tentação de aumentar esse tempo, ou você corre o risco de se tornar um "viciado em prazeres".

Mantenha os pés no chão e seu senso de perspectiva concentrando-se e desligando-se depois de cada sessão. Isso pode ser feito com uma simples caminhada breve, um banho de chuveiro, bebendo um copo de água, pensando no que se quer fazer com o resto do dia ou apenas batendo os pés para restabelecer o contato com o mundo físico. Concentrar-se e desligar-se tem uma grande importância, pois, se você exercita sua mediunidade, certamente não deseja ficar receptivo a almas desencarnadas 24 horas por dia, nem quer perder seu equilíbrio psicológico por não conseguir assimilar a energia e as impressões obtidas por meio de estados alterados de consciência.

Criando o clima certo

Você pode incentivar a própria meditação criando uma atmosfera tranqüila e uma sensação de espaço sagrado com velas, cristais, incenso, flores novas e ornamentos adequados, como estátuas de Buda, de imagens inspiradoras ou de anjos. Com o tempo, essa área ficará "carregada" com sua energia mental positiva, transmitindo-lhe uma sensação de paz e tornando-se um lugar ideal para a contemplação tranqüila.

Nem todos têm uma reação positiva ao sentar-se e ficar em silêncio durante períodos prolongados; portanto, leve em conta o uso de fitas cassete ou CDs, uma vez que músicas adequadas, visualizações gravadas e sons naturais podem ser de grande utilidade para criar um clima inspirador.

Qualquer que seja o aposento que você dedique à meditação, será preciso garantir a paz e a privacidade. Se há outras pessoas na casa ou no apartamento, deixe-as saber, antecipadamente, que se trata de uma ocasião em que você não deverá ser incomodado. Coloque um aviso na porta. Por fim, antes de cada sessão, tire o fone do gancho ou ligue a secretária eletrônica.

Observação: é perfeitamente normal sentir receio nessas ocasiões em que você inicia um programa de percepção de si mesmo. Assim, caso não se sinta à vontade em algum momento do exercício, basta contar, vagarosamente, de 10 a 1 e abrir os olhos. Em geral, a ansiedade passa antes de você chegar no 1 e, assim, é possível retomar a meditação.

Exercício 1: Aquietando a mente

A menos que você tenha passado por uma EFC involuntária, a única forma de experimentar estados alterados de consciência é abrindo o que se conhece como o terceiro olho, o órgão da visão mental. E a primeira etapa da preparação para esse desenvolvimento é a meditação passiva, que nos permite acalmar o falatório ininterrupto da mente consciente. Embora não seja tão simples quanto parece, é fundamental caso você tenha intenção de desenvolver a sensibilidade paranormal e ativar as experiências fora do corpo sempre que quiser.

Fique confortável, feche os olhos e concentre-se em sua respiração. Mantenha um ritmo relaxado e constante e, ao fazer isso, sinta a tensão sendo expulsa de seu corpo. Caso surjam pensamentos invasivos, não tente reprimi-los: deixe-os passar e mergulhe no silêncio.

Aquiete-se e permita-se mergulhar em um estado de relaxamento profundo.

Quando estiver completamente relaxado e sua mente quieta, visualize um círculo branco em fundo preto. Tente manter essa imagem por um bom tempo. Quando conseguir sustentá-la por alguns minutos sem se distrair nem se sentir irrequieto, visualize-a sendo levada na sua direção. À medida que ela aumenta de tamanho, você a enxerga como uma luz branca e radiante, que fica mais intensa à proporção que se aproxima. Mas ela não está cegando seu olho interior. Ela preenche o local e agora você pode passar por ela. O que você vê do outro lado?

Assim que estiver pronto, abra os olhos e volte ao estado de consciência desperta.

Atenção: em determinado ponto desta série de exercícios, talvez você veja um único olho encarando-o de volta. Pode ser bem perturbador, mas não deixe que isso o abale. É um sinal de que você está abrindo seu olho interno, o olho de seu "eu superior".

Exercício 2: Como projetar a percepção

Fique em uma posição confortável, feche os olhos e concentre-se em sua respiração até entrar em um estado de relaxamento profundo.

Agora, comece a visualizar o espaço a seu redor com o maior número possível de detalhes. Há quem ache a visualização algo bastante difícil, portanto, tenha paciência. Tudo tem seu tempo. Se precisar, abra os olhos de vez em quando e grave em sua mente a imagem do quarto.

Quando essa imagem estiver razoavelmente estável, visualize-se caminhando bem devagar em torno do quarto e, de vez em quando, olhe para trás, para si mesmo, sentado. Tente sustentar esse ponto de vista de terceira pessoa o máximo de tempo que puder antes de voltar à consciência desperta.

Você pode desenvolver essa visualização imaginando-se saindo pela porta da frente e caminhando pela vizinhança. Use seus cinco sentidos o máximo que puder a fim de deixar a experiência mais realista.

Atenção: não se trata de devaneio. A imaginação é o meio pelo qual desenvolvemos a capacidade de projetar a mente além dos limites do corpo físico. No momento certo, você descobrirá que, mesmo sem confiança para sair de seu corpo durante o exercício, talvez possa começar a acionar, involuntariamente, a EFC durante o sono.

Exercício 3: Como sentir a aura

Se alguma vez você já sentiu que alguém próximo estava de mau humor, ou que seu espaço pessoal havia sido invadido quando um estranho sentou a seu lado no ônibus, talvez você possa ser sensível à aura – o campo de energia etérea que emana de todas as criaturas vivas, até das plantas. Acredita-se que a aura tenha sete camadas, cada uma delas emanando de um centro de energia específico, no corpo etéreo; esses centros de energia são comumente conhecidos como chacras, palavra hindu que significa "roda".

Com esta prática, pode-se desenvolver a capacidade de enxergar as várias camadas. Isso possibilita à pessoa "ler" o estado físico, emocional, mental e espiritual de amigos e familiares e diagnosticar qualquer distúrbio antes de surgirem os sintomas físicos.

A princípio, porém, basta sintonizar-se com a energia sutil que emana de seu próprio corpo, pois, assim que você puder sentir o campo etéreo que o circunda, será mais fácil aceitar a existência desse corpo, que não é detectado pelos cinco sentidos físicos.

Junte as mãos, com as palmas para dentro, até quase se tocarem. Em seguida, afaste-as repetidas vezes, deixando um espaço de mais ou menos 2,5 centímetros, e junte-as outra vez, como se estivesse aplaudindo, mas sem fazer contato. Em poucos minutos você deverá sentir a resistência se formando, como se estivesse apertando um balão entre as mãos.

Para ver a aura, você só precisa colocar uma das mãos a distância de um braço contra um fundo totalmente branco, como uma parede ou superfície de uma mesa, com os dedos abertos. Em seguida, olhe suave e atentamente, como se fitasse através da mão, na direção do fundo, de modo que desfoque sua mão.

Você começará a ver uma irradiação elétrica fina e azul ao redor dos dedos. É a primeira camada da aura. Mais adiante, você conseguirá enxergá-la ao redor de outras pessoas. Isso talvez aconteça de forma espontânea, sempre que estiver num estado de relaxamento profundo.

Com o desenvolvimento da eletrofotografia de Kirlian, os cientistas russos parecem ter comprovado a existência da aura, que circunda tudo o que vive e que os paranormais têm sido capazes de ver sem nenhuma ajuda durante séculos. A ciência denominou essa radiação de corpo "bioplasmático" ou de "energia" e observou que a qualidade e a cor da aura emitida por um ser humano correspondem ao calor e ao estado mental, uma conclusão a que o filósofo grego Plutarco chegou há quase 2 mil anos.

Exercício 4: Como induzir uma EFC

Este exercício irá permitir que você deixe seu corpo físico e explore a dimensão astral com seu corpo de sonho.

Se você achar oportuno, pode também diminuir as luzes e acender um incenso ou uma vela perfumada. Entretanto, se usar velas, certifique-se de que são seguras e, de preferência, coloque-as em uma bacia com poucos centímetros de água. O uso de velas, incenso ou gravações de músicas ou sons da natureza pode ajudar a acionar episódios posteriores, conforme seu inconsciente associe o som ou o aroma a um estado mental específico.

Quando tiver criado um clima adequado, deite-se de costas em sua cama, seu sofá ou sua esteira para exercícios com os braços largados dos lados do corpo e a cabeça apoiada em um travesseiro. Mantenha as pernas esticadas.

Encontre um ritmo de respiração regular e firme e, à medida que for ficando cada vez mais relaxado, sinta um calor no centro do plexo solar ou *chakra* abaixo de seu umbigo. Imagine uma luz suave pulsando em seu abdome, como se fosse o centro de energia, a base das emoções, afrouxando, libertando o cordão de prata que conecta o corpo de sonho à sua concha física. Sinta seu corpo ficando cada vez mais leve a cada respiração, conforme perde a consciência de seu peso e consistência. Em cada expiração, visualize um travesseiro de ar se formando sob você até sentir que pode flutuar para longe dali em uma nuvem.

Agora, sinta-se levitando alguns centímetros e, em seguida, voltando, como se desfrutasse do controle dessa experiência, que em geral é espontânea.

Lembre-se de que está no comando em todas as ocasiões e pode retornar para seu corpo à vontade.

Logo nas primeiras vezes em que você fizer as experiências de projeção consciente dessa maneira, recomendamos que investigue o ambiente mais próximo até ganhar confiança suficiente para arriscar-se mais longe.

Quando estiver fora do corpo, olhe para trás e observe o máximo de detalhes que puder. Quais são seus sentimentos? Que atitudes você tem com relação ao corpo sobre a cama? Examine suas mãos e olhe-se em um espelho se tiver um. Tente tocar os objetos do seu cotidiano.

Lembre-se: você não tem obrigação de tentar esse exercício. Experiências fora do corpo são fenômenos naturais e não podem, nunca, ser forçados. Caso se sinta desconfortável por qualquer motivo, não tente fazê-lo, ou você se arriscará a infundir medo em si próprio, e isso pode inibir seu desenvolvimento.

Exercício 5: A visita astral

Este exercício tem como objetivo fornecer-lhe provas conclusivas de sua capacidade de viajar para outros lugares em seu corpo de sonho.

Para conseguir um resultado verdadeiramente objetivo neste experimento, será necessária a ajuda de um amigo de confiança, cuja casa você conheça bem. Peça-lhe que coloque qualquer livro sobre uma cadeira, no quarto, com a capa para cima. Seu amigo não pode dizer-lhe que obra irá colocar lá nem escolher nenhuma até o último instante, caso contrário é possível que você consiga a resposta por telepatia.

Em seguida, decida o horário específico para o experimento, de modo que ele possa observar quaisquer mudanças ocorridas na atmosfera local e esteja a postos na hora combinada.

É fundamental que seu amigo seja favorável à idéia e leve isso a sério, ou você estará se arriscando a abalar sua própria confiança. Mais uma vez, tenha paciência. Pode levar vários dias até você conseguir ter êxito.

Exercício 6: Projete-se no futuro

Com sua capacidade inerente, você pode tentar projetar seu "eu essencial" para outro lugar, obedecendo aos seguintes passos, que são simples.

Sente-se em uma cadeira confortável e deixe-se penetrar lentamente em um estado de relaxamento profundo.

Agora, visualize um ponto branco pulsando no centro de sua testa. Sinta-o como um brilho suave e quente que aumenta a cada respiração. Veja-o ampliar-se até cobrir seu rosto. Então, imagine uma cena entrando em foco naquele espaço, como se olhasse por uma janela aberta.

A cena deve se passar em um local que você pretenda visitar no dia seguinte. Pode ser a casa de um amigo ou de um parente, local de trabalho ou escola – qualquer lugar onde você não esteja neste instante, mas possa estar amanhã, a fim de confirmar se as pessoas ali o viram hoje.

Enquanto estiver se visualizando em uma visita a esse lugar, tente fazer algo incomum, para que alguém lhe pergunte a respeito quando o encontrar. Assim, você terá certeza de que sua experiência foi bem-sucedida.

Faça um ensaio de sua jornada com o maior número de pormenores que puder, dando atenção especial aos aspectos sensoriais: tato, paladar, olfato e audição.

Exercício 7: Projete-se no passado

Agora você está pronto para experimentar sua primeira sessão de regressão a vidas passadas. Você pode realizar este exercício sentado ou deitado. Se estiver em uma cama ou esteira, não se esqueça de apoiar a cabeça em um travesseiro.

Não há necessidade de ficar ansioso durante uma regressão. Você está no comando o tempo todo. Caso se sinta incomodado por algum motivo, basta retornar à consciência desperta contando de 10 até 1.

Fique confortável, feche os olhos e concentre-se em sua respiração. A cada inspiração, repita a expressão "calmo e centrado" e, a cada expiração, repita "profundamente relaxado".

Deixe sua mente acomodar-se e seus pensamentos ficarem mais profundos. Não tente induzir uma experiência. Apenas deixe acontecer e permita-se adentrar um estado profundo de relaxamento e paz, como se estivesse desfrutando um banho quente e perfumado.

Quando se sentir adequadamente relaxado, visualize-se dentro de uma névoa branca, tão densa que você não consegue enxergar além dela. Olhando para baixo, tudo o que pode ver são seus pés sobre uma porção de degraus. A névoa se dissipa o bastante para mostrar que você se encontra no alto de uma escada caracol. Os degraus mais baixos ficam indistintos, por causa da neblina. Mantenha-se firme, agarrando o corrimão à sua direita e conte em voz alta enquanto descer:

– Um... estou relaxado e preparado... dois... descendo... três... mais para baixo... quatro... mais baixo... cinco... indo para baixo... seis... mais adiante... sete... cada vez mais adiante e para baixo... oito... relaxado e preparado... nove... mais adiante... dez... para baixo.

Você alcançou o final da escada, mas ainda só consegue ver seus pés no chão. Que tipo de sapato está usando, caso esteja calçando um? Em que tipo de solo você pisa? A névoa começa a se dissipar. Você está fora, em uma paisagem estranhamente conhecida. Reconhece o local? Pode dizer de que país se trata só pela paisagem natural ou pelas plantas? Qual a estação? Existem pistas sobre em qual período você pode estar? Que sentimentos você associa a esse local?

Fique à vontade para investigar, sabendo que pode voltar ao estado desperto sempre que quiser.

Há construções pelas redondezas? Em caso afirmativo, alguma delas em particular o atrai? Aproxime-se da entrada. Você morava aqui? Trabalhava aqui? Se não, o que fazia nesse lugar? Quem eram seus vizinhos e qual é sua lembrança duradoura desse local?

Entre e olhe ao redor. Não tenha medo. Ninguém pode machucá-lo. Você retornou porque existe algo importante para você aqui. O que é?

Há um espelho ou uma bacia com água onde você possa enxergar seu reflexo? Que pistas podem indicar sua identidade? Há fotos ou retratos?

Se for um local que conheceu em uma vida passada, você deve saber o que há ao redor. Teste sua memória tentando localizar quartos específicos.

Será que existe alguma atividade que você costumava praticar em um quarto em especial, ou um dispositivo que você manuseava? Em caso afirmativo, consegue encontrá-lo e recordar como funciona?

Talvez você tenha sido alguém importante, e esse local pode haver uma pista no que diz respeito a algum condicionamento que você apresente em sua vida atual. Ou, quem sabe, algo de ruim aconteceu aqui e você abandonou essa vida alimentando ressentimentos de alguém, ou culpa por algo que praticou. Se for o caso, não ceda a essas emoções mortas. Volte com pormenores para poder falar sobre o assunto mais tarde, mas deixe as emoções para trás. Se houver uma bacia com água por perto, coloque as mãos dentro dela e deixe os resíduos de sua energia emocional se dissolverem na água.

Se não houver, agarre um objeto e descarregue nele a energia negativa.

Quando estiver pronto, retorne ao estado desperto da forma costumeira e certifique-se de que se "fixou". Pode ser útil manter um diário de suas impressões acerca de tais experiências, a fim de não esquecer nada importante. Talvez você perceba uma ligação ou um padrão, caso tenha muitos relatos para comparar.

Exercício 8: Como induzir um sonho lúcido

Pouco antes de se preparar para dormir, afirme, com suas palavras, que você entrará em um estado de sono profundo, tranqüilo e revigorante e que, em determinado instante, vai ficar consciente de que está sonhando. Essa percepção será acionada pela visão de um símbolo ou objeto determinado previamente. Deve ser algo inusitado na maioria das cenas de sonhos, como uma maçã azul gigante ou algo mais direto, como uma placa onde se lê: "Você está sonhando".

Então, enquanto se prepara para dormir, visualize-se investigando um ambiente calmo, de sonhos, como um jardim ou uma casa da qual você tenha lembranças agradáveis. Veja o símbolo que escolheu e, atrás dele, uma porta aberta, pela qual você passa e atravessa uma luz radiante. Não caia na tentação de imaginar nada além disso, para não influenciar as imagens que vai ver ao investigar de verdade a paisagem interior.

Provavelmente você não vai ter êxito na primeira tentativa. Assim, seja paciente e persistente.

Exercício 9: Como ver um fantasma

Embora os espíritos desencarnados estejam à nossa volta, a maioria de nós não sente a presença deles, pois precisamos estar mergulhados no mundo material para nos concentrarmos em nossa vida cotidiana e em nossas responsabilidades, sem distrações exageradas. Entretanto, todos temos a capacidade de sintonizar a energia pessoal residual que indivíduos de sensibilidade mais apurada podem perceber ao "se abrirem" às influências sutis que nos circundam. Conforme observou o místico russo Ouspensky, determinados locais ficam carregados com os pensamentos, sentimentos, humores e lembranças de seus moradores antigos.

Se você mora em uma casa antiga, pode afinar-se com as impressões residuais dos moradores que o antecederam por meio do exercício a seguir. Caso contrário, será necessário você encontrar um local apropriado, como uma igreja ou hospital antigos, onde possa se sentar por mais ou menos uma hora, em relativa tranqüilidade.

- Mantenha os olhos abertos e aquiete a mente, concentrando-se em sua respiração. Deixe seus pensamentos acalmarem-se e estabeleça um estado passivo e receptivo às impressões sutis à sua volta.
- Comece fazendo contato físico com o local. Mantenha as costas apoiadas em uma parede e respire fundo várias vezes. Se você é um médium natural, poderá sentir ou enxergar algo muito distante. Se não for o caso, coloque as mãos em algo que certamente absorveu alguma impressão, como uma cadeira ou assento de igreja. Sente-se em silêncio. Talvez você sinta frio, calor ou um formigamento nos dedos. Também pode ocorrer uma mudança na atmosfera, de um modo sutil, mas significativo, conforme você vai ficando mais sensibilizado.
- A seguir, amplie seu sentido do olfato. Se estiver num local externo, aumente sua percepção concentrando-se no aroma da grama, das flores e do solo. Hospitais terão seus cheiros distintos, e as igrejas também apresentarão um aroma retido de incenso, flores e madeira lustrada.
- Agora, dirija sua percepção para os sons ao seu redor. Em seguida, veja se consegue ir além disso, percebendo as vibrações de freqüências mais altas. Para isso, ouça com atenção seu relógio de

pulso ou de parede. Concentre-se no tique-taque, excluindo tudo mais.

- Por fim, olhe suave e atentamente de modo que qualquer reflexo de luz, como o de uma janela de vitral colorido ou de uma superfície polida, tenha um efeito levemente hipnótico. Observe através da luz até uma distância intermediária e tente encontrar uma forma ou figura. Se não conseguir, olhe para um canto escuro e tente detectar quaisquer movimentos nas sombras.
- Se por algum motivo estiver ansioso, peça a seus guias internos ou anjos da guarda que se aproximem, a fim de isolá-lo de quaisquer influências perturbadoras da atmosfera. Você pode auxiliar esse processo estimulando seu terceiro olho. Com o dedo indicador, faça movimentos suaves, circulares, no centro da testa, até sentir um formigamento. Agora você está aberto a impressões mais sutis da atmosfera a seu redor.

Lembre-se de desligar-se e restabelecer o contato com o mundo físico ao encerrar este exercício, fazendo uma contagem regressiva, de 10 até 1, batendo os pés e pensando no que irá fazer mais tarde ou no dia seguinte.

Exercício 10: Como conversar com os espíritos

Existe um conceito popular e errôneo de que os espíritos são evocados a pedido de um médium. Por isso, muitos ainda acreditam que é errado efetuar uma comunicação espiritual, pois perturbaria a paz daqueles que se foram. Na verdade, o que ocorre é o contrário. Os espíritos só aparecem quando querem falar aos vivos de algo que os está incomodando. Com essa finalidade, eles usam um médium porque a maioria de nós não é receptiva à comunicação direta.

Para este exercício, você vai precisar da fotografia do falecido e, se possível, de algum objeto pessoal que ele possuía, como um relógio ou anel.

Pegue a fotografia com uma das mãos e o objeto com a outra. Coloque-se em uma posição confortável, feche os olhos e concentre-se em sua respiração.

Comece visualizando um círculo de luz suave e dourada a seu redor, a fim de ampliar sua percepção a um nível mais alto e excluir quaisquer influências indesejadas.

Agora aumente sua sensibilidade quanto às vibrações residuais no objeto pessoal, concentrando-se em sua percepção. Você vai sentir um aumento de temperatura ou uma sensação de formigamento. Se sua percepção psíquica estiver se desenvolvendo, talvez você tenha até uma visão da pessoa com quem deseja se comunicar.

Caso isso não ocorra, abra o centro de seu coração imaginando uma pequena esfera pulsante de luz verde crescendo de intensidade à medida que você entra em um estado mais profundo de relaxamento. Sinta o centro de seu coração abrandar-se e visualize a pessoa com quem deseja se comunicar surgindo da luz.

Se a pessoa não aparecer, talvez você enxergue seu guia interior. Caso isso aconteça, peça-lhe que o ajude a encontrar essa pessoa. Não se surpreenda se ela surgir com uma aparência mais jovem, ou de uma forma idealizada, pois se trata de uma projeção da auto-imagem dela.

Contudo, você pode não receber uma comunicação visual. Em vez disso, talvez você sinta a presença da pessoa no local ou escute a voz dela em sua cabeça. Se for uma mulher, talvez sinta o perfume. Se for um homem que fumava, pode ser que perceba o cheiro de seu cigarro, charuto ou cachimbo favorito.

Quando estiver pronto para voltar à consciência desperta, desligue-se, limpe a aura e restabeleça o contato com o mundo físico com as técnicas já descritas.

Exercício 11: Como falar com Deus

Você não precisa esperar por sua ascensão aos céus para conversar com Deus. Temos uma linha direta com o divino 24 horas por dia, sete dias por semana, pois somos parte daquilo que procuramos, e o paraíso, como os iluminados vêm nos dizendo há séculos, está dentro de nós.

Existem várias técnicas para entrar em contato com o "eu superior", a consciência crística ou o Buda interno. Um dos métodos é a meditação, mas leva tempo e muitos de nós não têm paciência para esperar pelas bênçãos da providência. Por esse motivo, seguem algumas técnicas alternativas que devem produzir resultados em uma semana. Entretanto, enquanto você estiver trabalhando com os exercícios a seguir, seja paciente e persistente. Empenho e luta podem gerar resultados no mundo material. No trabalho espiritual, vale o oposto. No desenvolvimento do espírito, uma atividade intensa é contraproducente. Permanecer imóvel e receptivo abre o canal ao mestre interno.

a) Use a escrita automática

Sente-se com um bloco de notas e uma caneta sobre suas pernas, feche os olhos e visualize uma folha de papel em branco à sua frente. Agora, diga a si mesmo a seguinte frase e anote o que vier à mente em resposta.

"Estou aberto a qualquer inspiração correta que eu receba de (qualquer termo adequado que substitua 'eu superior')."

Você pode querer fazer uma pergunta sobre vida e morte, ou acerca da finalidade de sua vida. Sinta-se à vontade para perguntar o que quiser, mas esteja preparado para uma resposta surpreendente quando, enfim, fizer a conexão.

Espere um minuto. Em seguida, abra os olhos e anote quaisquer pensamentos que lhe surjam à mente. Mesmo se receber algo que pareça absurdo, escreva, pois isso faz parte do processo de esclarecimento e conexão. Não analise o conteúdo, pois você corre o risco de bloquear o fluxo. Se receber um fluxo ininterrupto de palavras ou imagens, anote-as até terminarem. Caso contrário, feche os olhos e repita a frase.

Faça isso durante 22 vezes a cada sessão, por seis dias. Em seguida, descanse o resto do dia e repita o processo pelos próximos seis dias, se necessário. Caso esse método se mostre produtivo, sinta-se à vontade para usá-lo sempre que estiver buscando orientações ou para interpretar um sonho. Sempre, porém, dê a si mesmo um dia de descanso se tiver feito o exercício durante seis dias seguidos.

Você terá certeza de que sua conexão foi verdadeira caso se descubra escrevendo mais rápido do que pode pensar. É como se o divino estivesse lhe ditando. Entretanto, cuidado com qualquer mensagem que seja transmitida dizendo-lhe o que você deve, precisa, pode ou não fazer. É a voz severa e implacável do pai interior, o aspecto altamente crítico do eu, a que Freud denominou superego. O "eu superior" não faz julgamentos e sua mensagem é dada com amor incondicional.

b) Faça um diário

Outro método eficiente para iniciar comunicações com o "eu superior" é o registro em diário. Você pode usar imagens de seus sonhos mais realistas ou de suas sessões de meditação para acionar exercícios de associação de idéias, caso desconfie que elas tenham pistas para uma vida passada.

Em uma variante do exercício anterior, você só precisa manter um diário aberto em uma página em branco. Em seguida, feche os olhos e repita a palavra ou frase que descreve a imagem que deseja usar como estímulo. Se, por exemplo, você sonhou com alguém que não conhece em sua vida desperta, mas que intuiu que pode ter conhecido numa vida anterior, pode usar uma frase que descreva essa pessoa, ou o ambiente em que a viu, como forma de mantra para acionar memórias inibidas em seu inconsciente. Depois de ficar sentado em silêncio por um minuto, abra os olhos e anote o que quer que lhe venha naturalmente à cabeça como resposta. Em seguida, feche novamente os olhos e repita o processo até ter contemplado essa frase ou imagem 22 vezes. Assim, estará usando imagens de sonhos para instigar uma genuína memória de vida passada.

Existe outra opção: você pode estimular uma conversa de mão-dupla com seu "verdadeiro eu" apenas escolhendo palavras como "anjo", "paraíso" ou "Deus", que apresentam potencial para gerar frases relacionadas a elas, em um exercício de associação de idéias.

c) Dialogue

Recorde-se de um personagem de uma sessão de meditação ou de um sonho importante e empenhe-se em uma conversa por escrito com ele. Escreva a primeira coisa que lhe vier à cabeça, sem se importar se faz sentido nesse instante. Se insistir, haverá uma reviravolta, depois da qual as palavras fluirão da sua caneta antes de você pensar nelas de modo consciente. O "roteiro" resultante será extremamente revelador.

d) Agrupe

Comece escrevendo um pormenor importante da visualização ou do sonho no centro da página. Em seguida, trace uma linha em uma das margens do papel e escreva a primeira palavra ou frase que lhe surgir à mente. Circule-a. Depois, trace outra linha a partir desse segundo esquema até encher a página de pistas e inspirações marcadas pelos círculos.

e) Crie histórias

Escolha algumas palavras-chave ou frases de seu sonho vívido mais recente e use-as para criar uma história. Não pense demais nem analise o que estiver escrevendo. Basta deixar que a história se desdobre e os personagens falem por você. Talvez você descubra que expressou inconscientemente preocupações que ligam uma vida passada à sua situação atual.

Conclusão – O universo holográfico*

À medida que atravessamos o século XXI, a ciência está tendo de redefinir o conceito de realidade, conforme desperta para o fato de que as normas que regem a matéria e a energia no universo físico nem sempre se aplicam ao nível subatômico. Leis mecânicas imutáveis cederam espaço a um mundo sujeito a probabilidades matemáticas. Isso significa que, hoje em dia, não se pode afirmar nada com certeza.

---

* Holograma é uma foto feita por meio do raio laser, a qual, mesmo que cortada em infinitos pedaços, apresenta em cada um deles a imagem do todo, ou seja, cada parte de um holograma possui toda a informação contida no todo. De acordo com descobertas do físico David Bohm, o universo estaria no coração de um imenso holograma. Daí a expressão "universo holográfico" (*fonte:* http://esoterico.terra.com.br/vidainterior/interna/0,,OI773953-EI5933,00.html). (N. T.)

O paradoxo da física quântica levanta a possibilidade de um universo multidimensional e holográfico que talvez não seja tão sólido como já foi imaginado. Parece sólido porque nosso corpo físico tem a mesma densidade de tudo a nosso redor. Nosso mundo de matéria sólida, porém, é uma complexa ilusão de ótica, construída pelo cérebro, que não pode processar informações com rapidez suficiente para enxergar entre as partículas do mundo além. O cérebro é como um supercomputador, mas só usamos uma minúscula parcela de seu poder de processamento. Quando a mente e o cérebro separam-se na meditação, nos estágios mais profundos do sono ou quando a consciência flutua, liberta do plano físico, deixamos de filtrar dados dos sentidos por meio de visão, audição, tato, paladar e olfato, mas nos conectamos diretamente ao computador central, à realidade definitiva. Infelizmente, ao relembrarmos essas experiências, o poder primitivo de processamento de nosso cérebro não consegue computar a grandiosidade dessa realidade nova e, assim, reformata as impressões em algo com que podemos lidar.

Assim que vislumbramos essa realidade maior, acontece o que observou em 1930 o finado físico James Jeans: "O universo começa a se parecer mais com um grande pensamento do que com uma grande máquina".

Será que Deus está no céu?

Poucos hoje em dia crêem que Deus seja um patriarca de barbas brancas sentado em seu trono celestial para julgar a humanidade. Um número crescente de pessoas não acredita em Deus, e tal fato é compreensível, pois vivemos em uma época de crueldade e injustiça, na qual o egoísmo é recompensado com fama e riqueza, ao passo que o altruísmo é, com freqüência, considerado um símbolo de fraqueza ou mesmo estupidez.

Aqueles que observam as filosofias orientais ou a tradição esotérica do ocidente apóiam a crença de que existe uma inteligência benigna e superior examinando nossa evolução, mesmo que não pareça interferir em nossas vidas nem mesmo demonstrar um interesse ativo pelos nossos problemas. Ao acreditar, contudo, em um ser celestial onipotente, responsabilizamos outro, um ser que se encontra oportunamente invisível e cuja existência não podemos provar e, portanto, a quem podemos continuar pedindo que ajeite as coisas para nós ou culpar por tudo que acontece de errado. A "vontade de Deus" diz respeito ao nosso potencial e à nossa habilidade naturais para criar o mundo no qual queremos viver, e não aos caprichos do destino.

Muitos, como eu, crêem que Deus é a consciência, a centelha divina que habita dentro de cada ser humano; a força vital do universo, que se encontra dentro e fora de nós, sustentando-nos e circundando-nos, como o ar que respiramos ou a água que sustenta toda a vida aquática. O mal, por outro lado, é apenas a negação consciente de nossa real natureza.

Muitas vezes negamos a existência de Deus (e, pelo mesmo raciocínio, a existência do céu/paraíso) porque é óbvio que Ele não intervém para evitar as tragédias da humanidade. Isso, no entanto, não quer dizer que Deus não exista. Somos tanto Deus quanto Sua criação, como evidenciam, respectivamente, nosso "eu superior" e nossa forma finita material; e a menos que aceitemos nosso dever de interferir onde vemos o mal ou a injustiça, não seremos capazes de realizar nosso destino divino, que é o de criar o paraíso na Terra. Até aceitarmos esta responsabilidade, estaremos condenados a viver no inferno que nós mesmos produzimos.

Eu sou Deus, você é Deus.
A única diferença é que eu sei e você não.
Sri Satya Sai Baba

Nosso medo da morte

A morte não é um mistério sobrenatural, mas um processo de transformação tão natural quanto a mudança das estações ou a borboleta que surge do casulo. A evidência da regeneração está a nosso redor, mas nos negamos a enxergar os paralelos em nosso próprio ciclo vital.

No Ocidente, escolhemos fazer da morte um tabu, pois tememos enfrentar nossa própria mortalidade e a dos que amamos. É compreensível que tenhamos medo de perder amigos e familiares, mas precisamos aceitar que essa separação é apenas temporária, e que o sofrimento é uma parte essencial da experiência humana. O luto nos obriga a questionar nossa visão autocentrada do universo, a fim de que possamos sair dele com uma perspectiva mais realista. Ele nos desperta para a importância de viver uma existência completa e produtiva, nos dá a chance de rever o que de fato tem valor para nós e nos ajuda a dar perspectiva a nossos problemas. O luto não nos torna indefesos ou vulneráveis; apenas tememos que isso aconteça. Se pudermos aceitar que os entes queridos estão agora em um lugar que faz parte do grande ciclo de morte e renascimento, isso aliviará nossa sensação de perda e nos permitirá seguir em frente, amadurecendo a cada experiência. Agindo assim, estaremos auxiliando nossos entes queridos a fazer o mesmo.

Em vez de passarmos pelo luto, devemos comemorar a vida que nosso ente querido aproveitou ao máximo e a libertação que uma alma experimenta ao deixar a prisão física do sofrimento. Quando uma vida jovem e promissora foi abreviada ou encerrada, sem aviso ou de forma natural, precisamos enxergar isso como uma opção da alma do indivíduo, cujo objetivo era despertar aqueles que, de outra forma, não refletiriam sobre os mistérios da vida e da morte.

Perder um filho em quaisquer circunstâncias é insuportável, mas mesmo essa angústia pode ser reduzida se, com o tempo, aceitarmos que nada se perde, a não ser oportunidades. Uma das mulheres que entrevistei para este livro me contou sobre uma vez em que sofreu um aborto e foi dominada por um sofrimento tão intenso que ficou com medo de que aquilo a consumisse. Em sua angústia, ela gritou por uma resposta a quem quer que fosse responsável pela ordem do universo; no instante seguinte, um brilho preencheu o quarto do hospital. No meio daquela luz, havia dois seres angelicais, cada um segurando um bebê: um menino e uma menina. Por intuição, a mulher soube que uma daquelas crianças era o filho pelo qual ela lamentava e que tinha se recusado a encarnar sem o outro, seu gêmeo. Daquele momento em diante, a mãe sentiu-se repleta de desejo renovado pela vida e soube que podia ter uma segunda oportunidade de trazer ambas as almas para a Terra. Assim que se recobrou o suficiente, buscou um tratamento de fertilização *in vitro*. Seus médicos comunicaram-lhe que ela poderia esperar três filhos daqueles três implantes, caso tivessem êxito. A mãe, entretanto, sabia que seriam dois. Quando chegou a hora, ela deu à luz gêmeos, um menino e uma menina, que ela imediatamente reconheceu como as duas almas que lhe apareceram em seu instante de maior desespero.

Para alguém que não foi assolado pela tristeza é fácil encarar a morte com desprendimento filosófico. Contudo, como observou Buda, todos fomos tocados por uma perda e a vida é feita de sofrimento. A vida é um teste para nossa capacidade de decisão e de lidar com os obstáculos, não um exame difícil a ser suportado. A única maneira de acabar com o sofrimento é alterando nossa percepção da realidade para nos tornarmos conscientes de que nosso mundo material é ilusório. Tudo no plano físico é passageiro – vida, posses e até as características físicas do planeta, que são transformadas pelo clima com o passar do tempo. O outro plano, entretanto, é eterno. Nosso mundo físico pode parecer sólido, mas, como a ciência já descobriu, a solidez é uma ilusão. A existência de níveis subatômicos pelos quais a matéria escura pode passar através dos átomos sugere que o paraíso pode, sem dúvida, estar dentro e ao redor de nós.

Se cultivarmos a visão de que a morte não é um fim, mas um processo em que nos retiramos de uma realidade para despertar em outra, poderemos, finalmente, perder nosso medo da morte e, com ele, nosso medo da vida.

Aos que duvidam, nenhuma prova é suficiente;
aos que acreditam, nenhuma prova é necessária.

Anônimc

O britânico **Paul Roland** trabalha como jornalista e, há mais de duas décadas, pesquisa assuntos paranormais. O interesse pelo assunto foi despertado a partir das próprias experiências "fora do corpo", iniciadas quando ainda criança, aos 9 anos. Escreveu para várias revistas da Inglaterra, como *The X Factor*, *Alien Encounters* e *Sightings*. É autor de vários livros sobre esoterismo e ocultismo, entre eles: *Investigando o Inexplicável* (publicado no Brasil em 2001), *Revelations* – The Wisdom of the Ages [Revelações – A sabedoria da eternidade], *Prophecies and Predictions* [Profecias e Predições], *The Complete Guide to Dreams* [O guia completo para sonhos], entre outros.

Este livro foi impresso pela
Inprima Soluções Gráficas Ltda. em papel *offset* 70 g.